Exotik als Beruf

1863

Reihe Campus
Band 1012

Was bedeutet es für Selbstverständnis und Identität des Ethnologen, wenn er sich aus dem Lehnstuhl ins Feld begibt? Karl-Heinz Kohl läßt Evans-Pritchard, Malinowski und Lévi-Strauss auf diese Frage antworten.

»Im Mittelpunkt von Karl-Heinz Kohls Arbeit steht eine Auseinandersetzung mit dem modernen ethnographischen Erfahrungsbegriff… Die spezifischen emotionalen und intellektuellen Konflikte, denen sich der Feldforscher dort gegenübersieht, wo er die Prinzipien der ›teilnehmenden Beobachtung‹ zu realisieren versucht, werden insbesondere am Beispiel der Feldtagebücher von Malinowski untersucht.« (Caroline Neubaur, *Die Zeit*)

*Karl-Heinz Kohl* arbeitete von 1979 bis 1984 am Religionswissenschaftlichen Institut der FU Berlin – zur Zeit forscht er in Indonesien. 1981 veröffentlichte er *Entzauberter Blick*, 1982 gab er *Mythen der Neuen Welt* heraus.

Karl-Heinz Kohl

# Exotik als Beruf

Erfahrung und Trauma
der Ethnographie

Campus Verlag
Frankfurt/New York

Für Marita

ohne deren An- und zeitweilige Abwesenheit
(im Feld) diese Arbeit vermutlich nie
zustande gekommen wäre

CIP-Kurztitelaufnahme der Deutschen Bibliothek

*Kohl, Karl-Heinz:*
Exotik als Beruf : Erfahrung u. Trauma d. Ethnographie / Karl-Heinz Kohl.
– Überarb. Neuausg. – Frankfurt/Main ; New York : Campus Verlag, 1986.
(Reihe Campus ; Bd. 1012)
Frühere Ausg. im Heymann-Verl., Wiesbaden
ISBN 3-593-33622-7

NE: GT

Überarbeitete Neuausgabe
Veröffentlicht in der Reihe Campus 1986

Die ursprüngliche Ausgabe dieses Buches erschien 1979
im B. Heymann Verlag, Wiesbaden.

Copyright © 1986 Campus Verlag GmbH, Frankfurt/Main
Umschlaggestaltung: Atelier Warminski, Büdingen
Umschlagmotiv: »Schreiben der Europäer« der Yoruba/Nigeria (Museum
für Völkerkunde, Berlin)
Satz: Typo Forum Gröger, Büdingen
Druck und Bindung: Friedrich Pustet, Regensburg
Printed in Germany

# Inhalt

# Vorwort zur Neuauflage

»Sobald das Buch vollendet ist, wird es zu einem Fremdkörper, einem toten Wesen, das meine Aufmerksamkeit nicht zu fesseln vermag, noch weniger mein Interesse. Jene Welt, in der ich so intensiv lebte, versperrt sich vor mir und schließt mich aus.« – Diese mir damals so ominös erscheinenden Sätze aus dem Vorwort zur zweiten Auflage von Claude Lévi-Strauss' *Structures élémentaires de la parenté* glaube ich heute besser zu verstehen. Ein »Fremdkörper« oder »totes Wesen« ist mir das vorliegende Buch zwar nicht geworden; eher schon ein mittlerweile abgeschlossenes Kapitel der eigenen Biographie. Bücher sind wie eigene Kinder. Gefühlsmäßig wird man ihnen wohl immer verbunden bleiben. Doch je älter sie werden, desto mehr beginnen sie ein Eigenleben zu entwickeln, für das man nur noch zu einem Teil die Verantwortung trägt. Notgedrungen muß man sich mit ihren Schwächen und Vorzügen abfinden, sobald man sich erst einmal dazu entschlossen hat, sie der Außenwelt zu überlassen. Allerdings stehen Bücher auch nicht alleine da. Sie haben ihre Altersgenossen. Sie bleiben Bestandteil der allgemeinen Diskussion, aus der sie hervorgegangen sind. Haben sie dazu beigetragen, diese Diskussion voranzutreiben, dann verlieren sie zugleich an aktuellem Wert. Im Rückblick sind sie nur noch Meilensteine auf einem gemeinsam begangenen Weg.

Wogegen sich *Exotik als Beruf* – Paraphrase auf Max Webers bekannten Essay – damals auch richtete: Es war die planmäßige Ausblendung jedes individuellen und subjektiven Elementes aus den herkömmlichen völkerkundlichen Beschreibungen; es war ihr Anspruch auf eine Form des Objektivismus, der im Grunde noch dem positivistischen Wissenschaftsideal des 19. Jahrhunderts verpflichtet war. Obgleich die persönliche Erfahrung des Forschers in kaum einer anderen Wissenschaft eine ähnlich bedeutende Rolle spielt wie in der modernen Ethnographie, verlangte man den als Resultaten eines langen Aufenthalts im »Feld« zustande gekommenen Darstellungen ab, daß sie nicht weniger exakt sein sollten als die Darlegungen der Ergebnisse naturwissenschaftlicher Versuchsanordnungen. Persönliches durfte in der klassischen ethnographischen Monographie keinen Platz haben. Bestenfalls erfuhr man von den besonderen Umständen des Feldaufenthalts und den subjektiven Aspekten eines solchen Unternehmens aus der Einleitung oder den Fußnoten. Wie zäh man an jenem Ideal innerhalb der professionellen Ethnologie selbst noch gegen Ende der sechziger Jahre festhielt, zeigte beispielhaft die Reaktion auf die 1967 veröffentlichten Feldtagebücher Malinowskis – ein Skandal, den man zunächst mühsam zu vertuschen versuchte. Tatsächlich hatten sich bis zu diesem Zeitpunkt nur wenige Ethnologen öffentlich zu den Problemen des Feldforschens bekannt.[1] Doch selbst die wenigen, die diesen Mut aufbrachten, achteten sorgsam darauf, die Grenzlinie zwischen literarischer Selbstdarstellung und Wissenschaft nie zu überschreiten.[2] Andere schrieben sich ihre Probleme von der Seele, indem sie unter Pseudonymen »ethnologische Romane« veröffentlichten.[3] In den Kanon der Werke, die man den Studienanfängern in den Universitätsseminaren zu lesen empfahl, hatten diese Bücher vor gut zehn Jahren freilich noch nicht Eingang gefunden.

Nachdem ich mich während meines Studiums durch die nicht immer kurzweiligen Klassiker der Ethnographie mühsam hindurchgelesen hatte, sollte mir die Lektüre von Malinowskis *A Diary in the Strict Sense of the Term* und von Claude Lévi-Strauss' *Tristes Tropiques* zu einem jener »Erleuchtungserlebnisse« werden, wie sie offensichtlich zur Laufbahn eines jeden ordentlichen Ethnologen gehören.[4] Der Ethnograph entpuppte sich in diesen Büchern als etwas ganz anderes denn als ein bloßer Registrator von äußeren Eindrücken, die es scheinbar nur zu ordnen und niederzuschreiben gilt. Theoretische Abhandlungen über den »Kulturschock« waren zwar schon früher veröffentlicht worden; doch ähnlich eindringlich wie in Malinowskis Tagebüchern sind die persönlichen Probleme des Feldforschers noch nie zuvor dargestellt worden. Dagegen bot sich ein Vergleich zwischen Lévi-Strauss' autobiographischem Reisebericht, in dem das Scheitern einer Feldforschung in verschlüsselter Form zur Sprache gelangt, und seinen theoretischen Arbeiten geradezu an, um die verschiedenen Etappen eines Prozesses zu rekonstruieren, der sich als Versuch lesen läßt, auf der Ebene der Reflexion eine Erfahrung einzuholen, die sich im aktuellen Erleben entzog.

Daß ich zu dem Zeitpunkt, als ich die Ergebnisse meiner Lektüre dieser und anderer Bücher zu Papier brachte, noch keine eigenen »Felderfahrungen« gesammelt hatte, mag vielleicht zu dem einen oder anderen unbilligen Vorwurf geführt haben.[5] Heute denke ich jedoch, daß die mangelnde professionelle Vorprägung der Analyse eher zugute gekommen ist. Denn für den, der sich selbst einmal in einer solchen Ausnahmesituation befunden hat, wird aus dem Verstehen allzu schnell ein Verzeihen.[6]

Doch scheint es, daß es einer solchen nachträglichen Rechtfertigung meines Vorgehens mittlerweile gar nicht mehr bedarf. In den gut zehn Jahren, die seit der Abfassung des Buches vergangen sind, hat sich innerhalb der Ethnologie ein Bruch vollzogen, der manches damals Anstoßerregende heute fast schon zu einer Selbstverständlichkeit hat werden lassen. Auch hierfür stellt die Rezeptionsgeschichte von Malinowskis Feldtagebüchern ein gutes Beispiel dar. Hatte Ian Hogbin auf deren Veröffentlichung 1968 noch mit Empörung reagiert,[7] so sah es elf Jahre später Francis K.L. Hsu – auch er ein Schüler Malinowskis – als dessen posthumes Verdienst an, durch seine persönlichen Aufzeichnungen auf die Notwendigkeit aufmerksam gemacht zu haben, daß der Feldforscher zunächst vor allem ein Bewußtsein seiner eigenen Wünsche und Gefühle zu erlangen habe. Die Publikation von Malinowskis Feldtagebüchern würde uns insofern »einen gewaltigen intellektuellen Schritt vorwärts« ermöglichen.[8] Clifford Geertz ging noch entschieden weiter. Er problematisierte anhand der Selbstäußerungen des Begründers der Methode der »teilnehmenden Beobachtungen« die erkenntnistheoretische Fragwürdigkeit einer allein auf »Teilhabe« und »Empathie« beruhenden wissenschaftlichen Vorgehensweise.[9] Die Kritik an der von Malinowski in die Ethnographie eingeführten Feldforschungstechnik ist seither fast schon zu einem Allgemeinplatz geworden. Ohne weiteres darf man die »teilnehmende Beobachtung« heute als eine der »heiligen Kühe« der Ethnologie bezeichnen,[10] die Forschungsreise des Ethnographen der Mekkafahrt islamischer Pilger vergleichen[11] oder auch einem schamanistischen Initiationsritual mit anschließender Geisteraustreibung[12] – Analogisierungen mit religiösen Vorstellungen und Praktiken, die zeigen, wie sehr die Tätigkeit des Ethnographen an wissenschaftlicher »Aura« eingebüßt hat.[13] Im Zusammenhang dieser Diskussion hat sich auch die Einstellung der feldforschenden Ethnologen zu sich selbst zunehmend verändert. Es ist beileibe nicht mehr ein am Vorbild der Naturwissenschaften orientierter Objektivismus, der in der neuesten ethnographischen Literatur dominiert. Offenherzig bekennen sich die modernen Feldforscher zur subjektiven Seite ihrer Tätigkeit, zu ihren Sehnsüchten, Wünschen und Frustrationen.[14] Mit all jenen Problemen, die die Feldforscher früher schamhaft verschwiegen, werden heute ganze Sammelbände gefüllt.

Viele der Forderungen, die noch vor ein, zwei Jahrzehnten nur von wenigen Außenseitern erhoben worden sind, erscheinen so mittlerweile eingelöst. Daß Fremderfahrung und Selbstwahrnehmung dialektisch miteinander verknüpft sind, wird heute kaum mehr ein Ethnograph leugnen. Die Ethnographie ist – wenn man so will – verdrängungsfreier geworden. Dieser Fortschritt verdankt sich jedoch nicht allein der wissenschaftsinternen Diskussion. Er ist auch ein Resultat der veränderten Forschungsbedingungen.

Die Epoche der klassischen ethnographischen Feldforschungen fiel zeitlich mit der Phase der vorläufigen Konsolidierung und allmählichen Auflösung der europäischen Kolonialherrschaft zusammen. Durch die Pazifizierung weiter Teile Afrikas, Asiens und des pazifischen Raumes war eine der wesentlichen Voraussetzungen für stationäre Feldforschungen geschaffen worden. Erst jetzt konnte sich der Ethnograph mehrere Jahre bei der zu untersuchenden Gesellschaft aufhalten, ohne ein allzu großes persönliches Risiko einzugehen.[15] Missionare, Händler und Kolonialbeamte, die die Situation unter Kontrolle hielten, waren ihm in aller Regel vorausgegangen. Der stationäre Feldaufenthalt konnte an die Stelle der Forschungsreisen der Pioniere der Wissenschaft treten, die sich oft nur mit Überblicksstudien hatten zufriedengeben müssen.[16] Zudem entsprach diese neue, intensive und entschieden effektivere Untersuchungsmethode einem Bedürfnis, das an die Ethnologie von außen herangetragen worden war. Denn die Kolonialverwaltungen hatten, nicht zuletzt angesichts der sich formierenden ersten antikolonialen Widerstandsbewegungen, die Notwendigkeit einer genaueren Kenntnis der einheimischen Verhältnisse und Bräuche erkannt. Viele der großen ethnographischen Monographien der zwanziger und dreißiger Jahre sind im Auftrag oder zumindest in Zusammenarbeit mit den europäischen Kolonialadministrationen entstanden. Die innerhalb der Fachwelt gegen Ende der sechziger Jahre so großes Aufsehen erregende These, daß die wissenschaftliche Ethnologie ein »Kind des Imperialismus« sei, konstatierte lediglich einen historischen Tatbestand. Ob dem Feldforscher dies paßte oder nicht: er partizipierte am kolonialen Herrschaftssystem, mit dessen Billigung er seine Tätigkeit verrichtete, und das dieser oft den Anstrich einer Agententätigkeit verlieh.

Dagegen versteht sich der Feldforscher heute nirgendwo mehr als Vertreter der ehemaligen Kolonialmacht, wenn auch die einheimischen politischen Eliten häufig versuchen, ihn in diese Rolle zurückzudrängen.[17] In vielen Ländern der sogenannten Dritten Welt, in denen der europäische Kolonialismus lediglich durch eine Art von Binnenkolonialismus ersetzt worden ist, der sich die Modernisierung »rückständiger« ethnischer Minderheiten zum erklärten Ziel gesetzt hat, wird der europäische Forscher von den Angehörigen dieser marginalisierten Bevölkerungsgruppen bisweilen sogar herzlich willkommen geheißen. Erinnert er sie doch – schon allein durch seine Herkunft – an »jene Zeit«, in der es ihnen vermeintlich besser ergangen war.[18] Der zentrale Konflikt des Feldforschers der kolonialen Ära, der für die »authentischeren« Lebensformen der sogenannten Primitiven eine tiefwurzelnde Sympathie empfand, dabei aber im Auftrag der Gesellschaft handelte, die diese Lebensformen scheinbar für immer zu zerstören im Begriffe stand, hat mittlerweile an Virulenz verloren. Der Feldforscher kann sich heute mit »seinem« Stamm vorbehaltloser identifizieren;[19] er kann sich als dessen Sprachrohr gegenüber der Weltöffentlichkeit verstehen. Weder in seiner eigenen Gesellschaft noch innerhalb des Faches wird er mit dieser Einstellung noch auf Widerstand stoßen. Zurecht wird ihm ein solches Engagement bisweilen sogar abverlangt. Es besteht für ihn mithin kein Anlaß mehr, sich hinter einem rigorosen Objektivismus zu verschanzen. Er kann sich zu »seinem« Stamm ebenso offen bekennen wie zu seinen subjektiven Gefühlen und persönlichen Erfahrungen.

Aber auch die Forschungssituation selbst ist mittlerweile eine andere geworden. Noch in den fünfziger Jahren mußte ein Ethnograph mehrere Wochen, ja oft Monate unterwegs sein, um in sein prospektives Untersuchungsgebiet zu gelangen. Heute trennen ihn von seinem Ziel häufig nur noch ein paar Tage, die er bequem im Flugzeug, im Bus oder im Auto verbringen kann. Hält er es im »Feld« nicht mehr aus, so ist es ihm ein leichtes, seine Untersuchungen abzubrechen, um sie zu einem späteren Zeitpunkt wieder aufzunehmen. Nicht von ungefähr sind inzwischen an die Stelle mehrjähriger stationärer Feldforschungen sogenannte Langzeitstudien getreten, die sich aus mehreren zwei- bis dreimonatigen Kurzaufenthalten zusammensetzen,[20] die sich auch in den Semesterferien absolvieren lassen. Das Problem eines ausgewogenen Verhältnisses von Nähe und Distanz zum Untersuchungsgegenstand löst sich auf diese Weise gewissermaßen von selbst. Zudem scheinen die Einzelgänger unter den Ethnographen eher selten geworden zu sein.[21] Feldforscher sind heute häufig Mitglieder größerer Forschungsteams, oder sie werden von ihren Ehepartnern, zuweilen auch von ihren Kindern begleitet. Abgesehen von den Vorteilen, die das Forschen *en famille* in Gesellschaften mit sich bringt, in denen verwandtschaftliche Bindungen eine erheblich größere Rolle spielen als bei uns, bedeutet die Verlagerung der häuslichen Situation in das »Feld« für den Forscher eine Stabilisierung der eigenen psychischen Situation. Gegen Depressionen, den Hang zum Alkoholismus, sexuelle Probleme und andere Folgen der Einsamkeit scheint er heute zunehmend besser gefeit. Daß er nicht mehr dazu gezwungen ist, sich auf die Erfahrung des Anderen voll und ganz einzulassen, hat sicher nicht nur positive Folgen: Ob die völkerkundlichen Beschreibungen, die unter den hier skizzierten Bedingungen zustande kommen, den älteren an Qualität tatsächlich überlegen sind, soll hier jedoch nicht erörtert werden. Festzustellen bleibt lediglich, daß die Konflikte und Probleme des Feldforschers heute entschieden geringer, ja geradezu banal geworden sind, wenn man sie mit denen der Protagonisten der stationären ethnographischen Feldforschung vergleicht.

Zugleich mit der Forschungssituation haben sich auch die Gesellschaften grundlegend geändert, die den klassischen Gegenstand der Ethnologie bilden. Schon immer haben Ethnologen der Vorstellung angehangen, daß es ihre dringlichste und vornehmste Aufgabe sei, die noch vorhandenen Restbestände »primitiver« Lebensformen vor dem Vergessen zu bewahren. »Alle sind sich einig (...): man muß die Forschungen beschleunigen und die letzten noch verbleibenden Jahre nutzen, um Informationen zu sammeln«[20] – so schrieb 1959 zum Beispiel Lévi-Strauss angesichts der Tatsache, daß allein in Brasilien zwischen 1900 und 1950 ca. 90 Stämme untergegangen waren. Ganz ähnlich hat sich allerdings in den zwanziger Jahren schon Franz Boas geäußert;[23] für seine Schülerin Margaret Mead sollte die Vorstellung, daß es für ethnographische Forschungen eigentlich bereits zu spät sei, zu einem regelrechten Alptraum werden: »Kurz vor Abschluß meines Studiums wachte ich manchmal auf und sagte mir: ›Der letzte Mann auf Roratonga, der noch etwas über die Vergangenheit weiß, stirbt vielleicht heute. Ich muß mich beeilen.‹«[24] Nicht viel anders hat indessen schon ein gutes Jahrhundert früher der britische Arzt John Martin in seinem Vorwort zu William Mariners *Account of the Natives of the Tonga Islands* feststellen zu können geglaubt: »(...) wenn es jetzt nicht bereits zu spät ist, wird dies vielleicht in ein paar Jahren der Fall sein, sobald sich ihre einheimischen Vorstellungen und Gebräuche mit den europäischen so vermischt haben werden, daß man aus ihnen nur noch wenig nützliches Wissen wird beziehen können.«[25] Wären diese Voraussagen tatsächlich eingetroffen, dann hätte sich die Ethnologie schon längst in die Geschichtswissenschaft auflösen müssen. Zurecht weist man dagegen heute die Vorstellung von den isolierten und autarken Stammeskulturen zurück, von denen man früher annahm, daß sie über Jahrtausende hin sich selbst gleichgeblieben seien und unter dem Einfluß der westlichen Zivilisation wie Kartenhäuser zusammenfallen müßten. Stammeskulturen sind keine versteinerten Isolate; sie haben sich veränderten äußeren Bedingungen schon immer in irgendeiner Weise anzupassen verstanden, dabei allerdings auch oft eine erstaunliche Resistenzkraft bewiesen, die europäischen Beobachtern die Illusion nahelegte, es handele sich bei ihnen um »geschichtslose« Gesellschaften. Doch selbst wenn man diesen enormen Grad an Widerstandsfähigkeit in Rechnung zieht, darf man andererseits den qualitativen Umschwung nicht übersehen, der diese einst im wesentlichen sich selbst genügsamen Ethnien im Gefolge des Kolonialismus und Postkolonialismus zu Bestandteilen eines globalen Interdependenzsystems hat werden lassen. In welcher Weise sie sich mit dieser Situation auch immer auseinandersetzen werden – eines zumindest kann behauptet werden: die Differenzen zwischen den Kulturen verringern sich zunehmend, während zugleich in den einzelnen Kulturen selbst neue Differenzierungsprozesse stattfinden. Mag man die Epoche der klassischen Ethnographie heute auch für abgeschlossen halten,[26] so steht die Notwendigkeit weiterer Feldforschung gerade zur Untersuchung jener Vorgänge doch außer Frage.

Will die Ethnologie indes an ihrem ursprünglichen Erkenntnisinteresse festhalten, »die Unterschiede und Übereinstimmungen in den Lebensweisen menschlicher Gesellschaften festzustellen und zu erklären«[27], dann ist sie auch schon heute wesentlich auf historische Dokumente angewiesen. Im Unterschied zu den Quellen der Geschichtswissenschaft entstammen die der Ethnologie jedoch durchweg einem heterogenen kulturellen Kontext. Rohmaterial der ethnologischen Analyse und Theorienbildung sind die schriftlich fixierten und mannigfachen sekundären Bearbeitungsprozessen unterworfenen Resultate der sozialen Erfahrung, die sich europäische Ethnographen in ihnen fremden Kulturzusammenhängen erworben haben. Gerade deshalb aber, weil sich nicht nur diese Kulturen, sondern auch die Forschungssituation seit der Zeit, in der die großen Werke der ethnographischen Literatur entstanden sind, so grundlegend gewandelt haben, erscheint eine Rekonstruktion der Bedingungen, unter denen diese Arbeiten zustande gekommen sind, als Voraussetzung einer jeden Quellenkritik umso dringlicher. Anspruch der vorliegenden Abhandlung ist es nach wie vor, auf diesem auch heute noch weitgehend brachliegenden Gebiet Vorarbeiten geleistet zu haben.

*

Einer Empfehlung des Verlages folgend, sind für die Neuauflage sämtliche fremdsprachigen Zitate ins Deutsche übertragen worden. Soweit nicht anders angegeben, stammen die Übersetzungen von mir. Die Nachtragsbibliographie enthält neben den im Vorwort zitierten Aufsätzen und Büchern eine Auswahl von Werken, die nach 1975 veröffentlicht wurden oder mir erst später bekanntgeworden sind.

Berlin, im Dezember 1985 K.-H. K.

## Anmerkungen

1 Vgl. z.B. M. Leiris 1980 ff., H. Powdermaker 1966 sowie C.B. Casagrande 1960.

2 Ein mittlerweile fast schon klassisches Beispiel für eine solche Trennung stellt das Gesamtwerk von M. Leiris dar; auch in Lévi-Strauss' theoretischen Abhandlungen vermag man den Autor der *Tristes Tropiques* bisweilen kaum wiederzuerkennen.

3 Vgl. E.S. Bowen (Pseudonym für Laura Bohannan) 1984, hierin auch die instruktive Einleitung von Justin Stagl. Daß dieses Buch und andere Werke, wie z.B. M. Leiris' autobiographischer Reisebericht aus dem Jahre 1934, erst jetzt ins Deutsche übersetzt werden, ist ein Symptom für die weiter unten näher beschriebene neueste Tendenz. Allerdings scheint man auch in den achtziger Jahren auf den Schutz des Pseudonyms noch nicht ganz verzichten zu können; vgl. hierzu die Anmerkungen K.-P. Koeppings 1984, S. 232 ff. zu M. Cesara 1982.

4 S. u., S. 76 (Lévi-Strauss über Lowies *Primitive Society*); vgl. ferner B. Malinowski 1973, S. 77 (über Frazers *The Golden Bough*).

5 Vgl. S. Seilers Rezension von »Exotik als Beruf« in: Unter dem Pflaster liegt der Strand, Bd. 10 (1982), S. 176–183 sowie meine Erwiderung in: ebd., Bd. 12 (1983), S. 171–175.

6 Nicht ohne Grund haben einzelne Ethnographen daher jedem, der nicht über eigene Felderfahrungen verfügt, die Berechtigung zur Kritik abgesprochen. Dagegen bemerkt Ch. Sigrist zu Recht: »Ethnographen, die so argumentieren, leugnen die Wissenschaftlichkeit ihrer eigenen Publikationen, die sich doch gerade in deren Verwertbarkeit durch den Schreibtisch-Ethnologen bewähren sollte.« (Zit. nach Stagl [2]1981)

7 Siehe unten, S. 130, Anm. 94

8 F.L.K. Hsu 1979, S. 530

9 Vgl. C. Geertz 1977, S. 480–492

10 Vgl. Brigitta Hauser-Schäublin 1985, S. 193

11 Vgl. Justin Stagl 1985, S. 289

12 Vgl. Ioan M. Lewis 1981, S. 191

13 Vgl. J. Stagl 1985, S. 290, mit kritischer Wendung gegen ebenjene »Aura«.

14 Vgl. z.B. N. Chagnon 1968, C. Turnbull 1973, M. Cesara 1982, D. Fuertes de Cabeza 1982, N. Barley 1983 u.v.a.m.; als gelungener Versuch einer »integralen« Ethnographie, die beide

Seiten gleichermaßen berücksichtigt, das Selbstbild der »Erforschten« ebenso wie das der »Forscher«, läßt sich m.E. die dreibändige Monographie von J. Lydall und Y. Strecker 1979 bezeichnen.

15 Vgl. T. Asad 1973 sowie A. Blok 1985, S. 43: »Uns sind keine Namen von Ethnologen bekannt, die in dieser Epoche durch Zutun ihrer Informanten das Leben verloren oder von der örtlichen Bevölkerung physisch bedroht oder belästigt wurden.«

16 Vgl. hierzu auch A. Kuper 1973 sowie J.W. Stocking 1983.

17 Vgl. J. Stagl 1985, S. 17

18 Es soll hiermit keineswegs geleugnet werden, daß Feldforschungen (vor allem in sogenannten komplexen Gesellschaften) sehr wohl im Dienst des »Postkolonialismus« durchgeführt worden sind und durchgeführt werden (vgl. z.B. das berüchtigte und zu seiner Zeit heftig diskutierte »Projekt Camelot«; verwiesen sei ferner auf den Einsatz von Ethnologen während des Vietnamkrieges); verändert hat sich jedoch die Einstellung der Informanten zu »ihrem« Feldforscher; vgl. hierzu die Aufsätze von B. Hauser-Schäublin, Mark Münzel und Günther Schlee in H. Fischer 1985.

19 So wird z.B. von der neuen Forschungsrichtung der Action Anthropology, wie sie in Deutschland vor allem von K. Schlesier 1980a, 1980b vertreten worden ist, gefordert, daß der Ethnologe der untersuchten Gesellschaft gewissermaßen als »Gegengabe« seine Kenntnisse über die eigene Gesellschaft zur Verfügung zu stellen habe, daß er ihr als juristischer Berater helfen solle usw. Zur Kritik dieses Ansatzes vgl. M. Münzel 1980.

20 Vgl. Justin Stagl 1985, S. 306

21 Vgl. H. Fischer 1985, »Einleitung«, S. 12

22 C. Lévi-Strauss 1985, S. 24

23 Vgl. M. Mead 1978, S. 102

24 Ebd., S. 237

25 J. Martin 1818[2], S. XVI

26 Vgl. Justin Stagl 1985, der diese Epoche von ca. 1920 bis ca. 1960 datiert.

27 H. Fischer 1983, S. 28

# Nachtragsbibliographie

Agar, Michael H. 1980 *The Professional Stranger*, New York

Asad, Talal (Hg.) 1973 *Anthropology and the Colonial Encounter*, London

Bargatzky, Thomas 1981 Das »Marginal Man« Konzept: Ein Überblick; in: *Sociologus* 71, H.2, 141–166

Barley, Nigel 1983 *The Innocent Anthropologist: Notes from a Mud Hut*, London

Blok, Anton 1985 *Anthropologische Perspektiven. Einführung, Plädoyer und Kritik*, Stuttgart (1978)

Bowen, Elenor Smith 1984 *Rückkehr zum Lachen*. Hg. und eingeleitet von Justin Stagl, Berlin (1954)

Casagrande, J.B. (Hg.) 1960 *In the Company of Man*, New York

Cesara, Manda 1982 *Reflections of a Woman Anthropologist: No Hiding Place,* London

Chagnon, Napolen 1968 *Yanomamö. The Fierce People*, New York

Dawani, Tawfiq 1984 *Jemen – zwischen Reisebeschreibung und Feldforschung*. Ein Beitrag zur Erfahrung in der Ethnologie, Diss. Bonn

Duerr, Hans Peter (Hg.) 1981 *Der Wissenschaftler und das Irrationale*, 2 Bde., Frankfurt/M.

Ellen, Roy F. (Hg.) 1984 *Ethnographic Research*, London

Erdheim, Mario 1982 *Die gesellschaftliche Produktion von Unbewußtheit,* Frankfurt/M.

Evans-Pritchard, Edward E. 1978 Einige Erinnerungen und Überlegungen zur Feldforschung; in: Ders., *Hexerei, Orakel und Magie bei den Zande*, Frankfurt/M., 326–347

Fischer, Hans 1981 Zur Theorie der Feldforschung; in: Wolfdietrich Schmied-Kowarzik und Justin Stagl (Hg.), *Grundfragen der Ethnologie,* Berlin, 63–77

– 1983 (Hg.) *Ethnologie. Eine Einführung*, Berlin

– 1985 (Hg.) *Feldforschungen. Berichte zur Einführung in Probleme und Methoden*, Berlin

Fuertes de Cabeza, Dolores 1982 Freudloses Paradies – Eindrücke und Erfahrungen während eines Forschungsaufenthaltes in West-Samoa; in: *Baessler Archiv* N.F. XXX, 351–369

Geertz, Clifford 1977 »From the Native's Point of View«: On the Nature of Anthropological Understanding; in: J.L. Dolgin, D.S. Kemnitzer, D.M. Schneider (Hg.), *Symbolic Anthropology*, New York, 480–492

Golde, Peggy (Hg.) 1970 *Women in the Field*, Chicago

Gutkind, P.C.W., und D.G. Jongmans (Hg.) 1967 *Anthropologists in the Field*, Assen

Hauser-Schäublin, Brigitta 1985 Frau mit Frauen. Untersuchungen bei den Iatmul und Abelam, Papua Neuguinea; in: Hans Fischer (Hg.) 1985, 179–201

Heinrichs, Hans-Jürgen 1983 *Sprachkörper. Zu Claude Lévi-Strauss und Jacques Lacan*, Frankfurt/M., Paris, 1983

Henry, Frances, und Satish Saberwel (Hg.), 1969 *Stress and Response in Fieldwork*, New York u.a.

Hsu, Francis K.L. 1979 The Cultural Problem of the Cultural Anthropologist; in: *American Anthropologist* 81, 517–532

Koepping, Klaus-Peter 1984 Feldforschung als emanzipatorischer Akt? Der Ethnologe als Vermittler von Innen- und Außensicht; in: Ernst Wilhelm Müller, René König, Klaus-Peter Koepping und Paul Drechsel (Hg.), *Ethnologie als Sozialwissenschaft*. Kölner Zeitschrift für Soziologie und Sozialpsychologie Sonderheft 26, 216–239

Kramer, Fritz 1977 *Verkehrte Welten. Zur imaginären Ethnographie des 19. Jahrhunderts*, Frankfurt/M.

– 1981 Die social *anthropology* und das Problem der Darstellung anderer Gesellschaften; in: Ders. und Christian Sigrist (Hg.), *Gesellschaften ohne Staat*, Frankfurt/M., Bd. 1, 9–27

Kuper, Adam 1973 *Anthropologists and Anthropology. The British School, 1922–1972*, London

Kutzschenbach, Gerhard von 1982 *Feldforschung als subjektiver Prozeß. Ein handlungstheoretischer Beitrag zu einer Analyse und Systematisierung*, Berlin

Lawless, Robert, Vinson H. Sutlive und Mario D. Zamora (Hg.) 1983 *Fieldwork. The Human Experience*, New York

Leiris, Michel 1980–84 *Phantom Afrika. Tagebuch einer Expedition von Dakar nach Djibouti 1931–1933*. Hg. v. Hans-Jürgen Heinrichs, 2 Bde., Frankfurt/M. (1934)

Lévi-Strauss, Claude 1985 *Eingelöste Versprechen. Wortmeldungen aus dreißig Jahren*, München

Lewis, Ioan M. 1981 Exotische Glaubensvorstellungen und die Produktionsweise in der Feldforschung; in: Hans Peter Duerr (Hg.) 1981, Bd. 1, 184–212

Lowie, Robert H. 1959 *Ethnologist – A Personal Record*, Berkeley, Los Angeles

Lydall, Jean und Ivo Strecker, 1979 *The Hamar of Southern Ethiopia*. Bd. 1: Work Journal, Bd. 2: Baldambe explains, Bd. 3: Conversations in Dambaiti, Hohenschäftlarn

Martin, John 1818[2] *An Account of the Natives of the Tonga Islands, in the South Pacific...* Compiled and arranged from the Extensive Communications of Mr. William Mariner, London

Maybury–Lewis, David 1965 *The Savage and the Innocent*, Boston 1965

Mead, Margaret 1971 *Letters from the Field,* New York u.a.

– 1978 *Brombeerblüten im Winter*, Reinbek (1972)

Métraux, Alfred 1978 *Itinéraires 1 (1935–1953). Carnets de notes et journaux de voyages,* Paris

Münzel, Mark 1980 Aktions–Ethnologie. Sich verstecken hinter dem abstrakten Gesamtbetroffenen?; in: *Ethnologische Absichten* Bd. 6, 60–66

– 1985 Genozid, Ethnozid und ethnologische Forschung. Die Aché in Ostparaguay; in: Hans Fischer (Hg.) 1985, 143–160

Oppitz, Michael 1975 *Notwendige Beziehungen. Abriß der strukturalen Anthropologie,* Frankfurt/M.

Pelto, Perti 1970 *Anthropological Research. The Structure of Inquiry,* New York

Powdermaker, Hortense 1966 *Stranger and Friend. The Way of an Anthropologist,* New York

Salamone, Frank 1979 Epistemological Implications of Fieldwork and Their Consequences; in: *American Anthropologist* 81, 46–60

Schlesier, Karl 1980 a Action Anthropology und die südlichen Cheyenne; in: *Trickster* 4/5 38–53 (1974)

– 1980 b Zum Weltbild einer neuen Kulturanthropologie. Erkenntnis und Praxis: Die Rolle der Action Anthropology; in: *Zeitschrift für Ethnologie* 105, 32–66

Spindler, George D. (Hg.) 1970 *Being an Anthropologist*, New York

Stagl, Justin 1981[2] *Kulturanthropologie und Gesellschaft. Eine wissenschaftssoziologische Darstellung der Kulturanthropologie und Ethnologie,* Berlin

– 1985 Feldforschung als Ideologie; in: Hans Fischer (Hg.) 1985, 289–310

Stocking, George W. Jr. (Hg.) 1983 *Observers Observed. Essays on Ethnographic Fieldwork*. History of Anthropology, Vol. I, Wisconsin, London

Strecker, Ivo 1969 *Methodische Probleme der ethno-soziologischen Beobachtung*, Diss. Göttingen

Szalay, Miklós 1975 Die Krise der Feldforschung: Gegenwärtige Trends in der Ethnologie; in: *Archiv für Völkerkunde* 29, 109–120

Turnbull, Colin 1973 *Volk ohne Liebe*, Reinbek (1972)

Zinser, Hartmut 1984 Die Wiedereinsetzung des Subjekts. Von der psychoanalytischen Ethnologie zur Ethnopsychoanalyse; in: Ernst W. Müller, René König, Klaus-Peter Koepping und Paul Drechsel (Hg.), *Ethnologie als Sozialwissenschaft*. Kölner Zeitschrift für Soziologie und Sozialpsychologie Sonderheft 26, 101–112

# I. Initiation

»Jede ethnographische Laufbahn«, so schreibt Claude Lévi-Strauss mit Bezug auf Jean-Jacques Rousseau als den Ursprungsheros einer als Anthropologie sich verstehenden Ethnologie, »findet ihr Prinzip in geschriebenen oder unausgesprochenen ›Bekenntnissen‹.«[1]

Als ein Bekenntnisbuch in der Tradition der rousseauschen *Confessions* läßt sich auch Lévi-Strauss' 1955 unter dem programmatischen Titel *Tristes Tropiques* erschienener autobiographischer Reisebericht verstehen. In ihm beschreibt er die Feldforschungsexpeditionen, die er zwischen 1934 und 1939 zu den im Aussterben begriffenen Indianerstämmen des mittleren Mato-Grosso-Gebietes unternahm. Den um eine peinliche »Elimination des Individuellen«[2] bemühten Objektivismus herkömmlicher ethnographischer Feldberichte absichtlich durchbrechend, nimmt dieses Buch die Gattungsform der »Voyage«-Literatur des 18. Jahrhunderts wieder auf;[3] als die ebensowohl poetischen als auch mutig-subjektiven Reflexionen eines längst zu Ruhm und Ehren gelangten Wissenschaftlers wurde es bei seinem Erscheinen daher vor allem von der literarischen Kritik lebhaft begrüßt.[4]

Jahrzehnte nach den dargestellten Erlebnissen niedergeschrieben, sind die *Traurigen Tropen* mehr als nur die Beschreibung einer Reise durch den Raum: Ihre geographischen Etappen erscheinen gleichzeitig als Stadien eines symbolischen Weges durch die verschiedenen Entwicklungsstufen gesellschaftlicher Organisation;[5] biographisch jedoch erweisen sie sich als Stationen der persönlichen Entwicklung des Autors. Lévi-Strauss schildert in diesem Buch seinen eigenen Werdegang als den eines jungen Intellektuellen, der sich, enttäuscht von einer erfahrungsleeren Philosophie und getrieben von einem begriffslosen »Unbehagen in der Kultur«, der Untersuchung der sogenannten primitiven Gesellschaften zugewandt hatte. In ihren scheinbar unentfremdeten Lebensformen hoffte er Zutritt zu einer »authentischen« Erfahrung zu finden, die sich ihm jedoch nach Maßgabe der Erwartungen und Projektionen, die er in das Unternehmen einer Flucht aus der europäischen Gesellschaft und in die vermeintlich noch intakte »Ursprünglichkeit« des primitiven Lebens einst gesetzt hatte, verweigerte.

Freimütiger als andere Ethnologen vor ihm hat sich Lévi-Strauss zu den exotischen Motivationen seiner Berufswahl bekannt; gerade deshalb aber unterliegt seine Selbstdarstellung dem Zwang nachträglicher Legitimation. Ausdruck findet sie einerseits im melancholischen, Enttäuschung über die irreversible Zerstörung des Objekts signalisierenden Grundtenor des Buches, andererseits (und weniger verschlüsselt) aber auch in bestimmten, wiederholt vorgenommenen Distanzierungen. Die entsprechenden Selbstäußerungen sollen zunächst – in enger Anlehnung an den vorliegenden Text und sein Pathos bewußt nachzeichnend – im einzelnen verfolgt werden.

## Weshalb die Tropen traurig sind

Schon der Titel des Buches suggeriert Trauer über ein unwiederbringlich Verlorenes. Denn was sich nach Lévi-Strauss dem Reisenden in den Tropen heute noch offenbart, ist vor allem anderen das Zerstörungswerk seiner eigenen Gesellschaft:

> »Heute, da die polynesischen Inseln im Beton ersticken (...), da ganz Asien das Gesicht eines verseuchten Elendsgebiets annimmt, Afrika von Barackenvierteln zerfressen wird (...) – was kann die angebliche Flucht einer Reise da anderes bedeuten, als uns mit den unglücklichsten Formen unserer historischen Existenz zu konfrontieren? (...) Was uns die Reisen in erster Linie zeigen, ist der Schmutz, mit dem wir das Antlitz der Menschheit besudelt haben.«[6]

In demselben Maße, in dem ihn jede einzelne Etappe seiner Reise – vergleichbar den Vektoren eines Kräfteparallelogramms – zurückverweist auf die europäische Zivilisation, von der er schließlich behauptet, sie habe sich erst um den Preis der Vernichtung oder Unterwerfung aller ihr fremden Gesellschaftsformen konstituieren können – in eben dem Maße muß er sich selbst als »Archäologen des Raums« empfinden, der mit Hilfe von Bruchstücken vergeblich versucht, »das Exotische zu rekonstruieren«.[7] Angesichts dieser desillusionierenden Erfahrung wünscht sich Lévi-Strauss zurück in die Zeit der großen Entdeckungen, »der *wahren* Reisen (...), als sich in all seiner Pracht ein Schauspiel darbot, das noch nicht verdorben, verseucht und verflucht war«.[8]

Seine eigene Reise dagegen erscheint Lévi-Strauss gekennzeichnet durch den unwiderruflichen Verlust dessen, was sie im Zeitalter der »*wahren* Reisen« potentiell hätte sein können, was sie faktisch aufgrund der ethnozentrischen Borniertheit der Protagonisten der frühen kolonialen Expansion aber niemals gewesen ist. Der Lektüre zeitgenössischer Quellen und Reiseberichte entnimmt er, daß die Chance der »erschütternden Erfahrung« einer, wenn vielleicht auch nur vermeintlich

»reineren und glücklicheren Menschheit«,[9] die sich der europäischen Gesellschaft des 16. Jahrhunderts hätte bieten können, bereits in den ersten Stadien der Begegnung verspielt wurde. Getrieben von Gier oder Habsucht und unfähig zu jener Form von Reziprozität, wie sie nach dem Urteil von Lévi-Strauss das Verhalten der »Eingeborenen« gegenüber den Europäern gekennzeichnet habe,[10] hätten die Eroberer der »Neuen Welt« in den Indios umgekehrt vor allem Objekte der Ausbeutung gesehen.[11] So glaubt er sich selbst schließlich in einer ausweglosen Situation:

> »Letztlich bin ich der Gefangene einer Alternative: entweder ein Reisender des Altertums, der zwar einem gewaltigen Schauspiel hätte beiwohnen können, dem aber alles oder fast alles entgangen wäre, oder der, noch schlimmer, nichts als Spott und Verachtung dafür übrig gehabt hätte; oder ein moderner Reisender, der den Überresten einer verschwundenen Realität nachjagt. In beiden Fällen bin ich der Verlierer (...)«[12]

## Der Abenteurer und sein Publikum

Lévi-Strauss' Urteil zufolge hat in der französischen Gesellschaft der Gegenwart ein archaisches Initiationsritual, das früher bei einigen Indianerstämmen der nordamerikanischen Prärien kollektiv verbindlich war,[13] eine merkwürdige Reaktualisierung erfahren. Ein Initiationsritual nämlich, das das Prestige des einzelnen innerhalb seiner Gruppe von dem Bestehen einer Bewährungsprobe in der der »profanen« häuslichen Sphäre entgegengesetzten und – weil der Kontrolle der eigenen Gruppe nicht unterworfen – als mit gefährlichen magischen Eigenschaften behaftet gedachten »sakralen« Sphäre abhängig machte.[14]

Die Frage, ob auch sein eigenes Unternehmen im Grunde keinem anderen Ziel gedient habe, als ihm – ähnlich wie dem indianischen Initianden – innerhalb der eigenen gesellschaftlichen Hierarchie eine privilegierte Position zu verschaffen, bestimmt leitmotivisch fast alle autobiographischen Reflexionen des »Bekenntnisbuches«:[15]

»Institutionen und Bräuche erscheinen (...) als ein Mechanismus, dessen eintöniger Ablauf für Zufall, Glück oder Talent keinen Raum läßt. Die einzige Möglichkeit, das Schicksal zu zwingen, könnte dann darin bestehen, sich in jene gefährlichen Randzonen vorzuwagen, wo die sozialen Normen ihren Sinn verlieren und gleichzeitig die Garantien und Forderungen der Gruppe schwinden: bis zu den Grenzen des von der Gesellschaft kontrollierten Territoriums vorzustoßen, bis an die Grenzen der physiologischen Widerstandskraft oder der physisch-moralischen Leidensfähigkeit. Denn in diesen unsicheren Randzonen setzt man sich der Möglichkeit aus, entweder auf die andere Seite zu fallen und nicht wiederzukehren, oder im Gegenteil aus dem ungeheuren Ozean ungenutzter Kräfte, der eine wohlgeordnete Menschheit umgibt, einen Vorrat an persönlicher Macht zu schöpfen, dank welcher eine sonst unwandelbare soziale Ordnung zugunsten desjenigen aufgehoben wird, der alles gewagt hat.«[16]

In der »naiven Form der Beziehung zwischen dem Publikum und ›seinen‹ Forschern«[17] sei diese Art des »Ringens um die Macht« in der Gegenwart zu neuen Ehren gekommen:

»Genau wie bei den erwähnten Eingeborenen erwirbt auch bei uns der junge Mann, der sich einige Wochen oder Monate lang von der Gruppe abgesondert und einer außergewöhnlichen Situation ausgesetzt hat (...) eine gewisse Macht, die sich hierzulande in Presseberichten, hohen Auflagen und Vorträgen hinter verschlossenen Türen äußert (...).«[18]

Von dieser Form des Abenteurertums glaubt sich Lévi-Strauss entschieden distanzieren zu müssen. Denn die Gesellschaft und ihr Neophyt unterzögen sich, wie er schreibt, heute nurmehr einer doppelten »Selbstmystifizierung«,[19] um der »erdrückenden Gewißheit zu entgehen, daß zwanzigtausend

Geschichte verspielt sind«.[20] Wie sich ihm im Verlauf seiner Reise die einst »gefährlichen Randgebiete« als profane Schuttberge, als die sterilisierten Zeugen der Destruktionsgewalt der eigenen Gesellschaft erweisen, erkennt Lévi-Strauss im Abenteurer – »c'est un métier maintenant, que d'être explorateur«[21] – den mit der falschen Aura heroischen Opfermuts umgebenen Agenten einer Kulturindustrie, die mit »Agfacolor und Kodachrom«, den »Hexenkünsten« einer »mechanisierten Zivilisation«,[22] sich in den Dienst eines nach dem Zauber des Exotischen gierenden Publikums stellt:

»Nicht damit zufrieden und sich nicht einmal bewußt, euch vom Erdboden zu tilgen, versucht es fieberhaft, mit Hilfe eurer Schatten den nostalgischen Kannibalismus einer Geschichte zu befriedigen, der ihr bereits zum Opfer gefallen seid.«[23]

Waren die Reisen in der Epoche der großen Entdeckungen angesichts der faktischen Bedrohlichkeit der zu befahrenden unbekannten Regionen und angesichts der intellektuellen und emotionalen Probleme, die sich den »Seefahrern, Forschern und Eroberern der Neuen Welt« stellten, »die das einzige totale Abenteuer unternahmen, das der Menschheit beschieden war«,[24] zumindest noch Medium der Bewährung über die gefahrvolle Konfrontation mit dem Fremden sich selbst erfahrender Subjekte, so habe die koloniale Sphäre heute selbst auch diese Qualität verloren.[25] Das atavistische Flair aber, das den zeitgenössischen Abenteurer, für den das Durchmessen von Kilometern und das Bestehen banaler Fährnisse zum Selbstzweck geworden ist, in den Augen des Publikums weiterhin umgibt, ist nicht mehr als die dürftige Rekompensation der neuen Funktion, die er übernommen hat: der eigenen Gesellschaft bei der verdrängenden Bewältigung des ihrer Selbstkonstitution zugrunde liegenden Schuldzusammenhangs Dienste zu leisten.

»Ist meine Stimme die einzige, die vom Scheitern der Flucht Zeugnis gibt? Wie der Indianer im Mythos bin auch ich so weit gelaufen, wie die Erde es zuläßt, und am Ende der Welt angekommen, habe ich die Wesen und die Dinge befragt und dieselbe Enttäuschung erlebt wie er: ›(...) Es konnte für ihn nicht mehr den geringsten Zweifel geben: keine Macht war ihm zugefallen, von niemand...‹«[26]


## Der Anthropologe als Heros

Die Motivationen des Ethnographen seien andere, so behauptet Lévi-Strauss, als die des berufsmäßigen Abenteurers. Was jenen von diesem substantiell unterscheide, sei sein gebrochenes Verhältnis zur eigenen Gesellschaft, und der Wert, den er den fremden Ethnien beimißt, deren selbstloser Erforschung er sich widmet, stelle nichts anderes dar als eine Funktion der Verachtung und der Feindseligkeit, »die ihm die in seiner eigenen Umwelt geltenden Sitten einflößen«.[27]

Aus der Angst, einer falschen Rollenzuschreibung zum Opfer zu fallen, erklärt sich auch der Widerwille, den Lévi-Strauss jahrelang gegenüber dem Vorhaben verspürt hat, die Geschichte seines gescheiterten Ausbruchsversuchs niederzuschreiben. Daß der Ethnologe ungewollt dem Interesse desselben sensationslüsternen Publikums wie der Kodachromtrophäen erjagende Abenteurer willfährig sei, hat er daher gleich mit den ersten Sätzen seines autobiographischen Reiseberichts auszuräumen versucht:

»Ich verabscheue Reisen und Forschungsreisende. Trotzdem stehe ich im Begriff, über meine Expeditionen zu berichten. Doch wie lange hat es gedauert, bis ich mich dazu entschloß! (...) jedes Mal hat mich ein Gefühl der Scham und des Überdrusses davon abgehalten. Soll man etwa des langen und breiten die vielen Belanglosigkeiten und unbedeutenden Ereignisse erzählen?«

Apodiktisch heißt es denn auch weiter:

»Für das Abenteuer gibt es im Beruf des Ethnographen keinen Platz; es ist für ihn nichts weiter als ein Zwang, dem er sich unterwerfen muß; es beeinträchtigt seine Arbeit durch das Ungemach verlorener Wochen und Monate, vieler Stunden, die müßig vergehen (...); durch Hunger, Müdigkeit, manchmal auch Krankheit (...). Die Wahrheiten, nach denen wir in so weiter Ferne suchen, haben nur dann einen Wert, wenn sie von dieser Schlacke befreit sind.«[28]

Mit den wissenschaftlichen Resultaten ethnologischer Forschungen zumal – die, sofern sie einen anthropologischen Anspruch verficht, sich nicht allein in den Dienst der eigenen, sondern auch in den der von ihr untersuchten Gesellschaft zu stellen versucht[29] – wisse ein Publikum, dem es primär um die Aufrechterhaltung seiner Illusionen zu tun ist, in der Regel nur wenig anzufangen.

Lévi-Strauss' Selbstäußerungen sind hier nicht ohne Grund ausführlich nachgezeichnet worden. In der Emphase, mit der er sich von der eigenen Gesellschaft und der kannibalischen Gier ihrer Geschichte[30] distanziert, und in seinem krampfhaften Bemühen, bestimmte unerwünschte Rollenzuschreibungen zu vermeiden, verbirgt sich eine heimliche Affinität zum Denunzierten: In eben dem Maße, in dem Lévi-Strauss den modernen Abenteurer entheroisiert, wenn er ihn zum Komplizen eines sich selbst mystifizierenden Publikums erklärt und von jenem behauptet, er unterzöge sich Strapazen und Entbehrungen nur um ihrer selbst willen, in dem Maße wird der Wissenschaftler, von dem es heißt, daß er, vermöge seines gebrochenen Verhältnisses zur eigenen Gesellschaft, für die existentielle Erfahrung des gesellschaftlich »Anderen« das wirkliche Opfer der Aufgabe seiner kulturellen Identität zu bringen bereit ist, zum Heroen erhöht.

Ihrem Essay über die *Traurigen Tropen* hat die amerikanische Literaturwissenschaftlerin Susan Sontag den treffenden Titel »The Anthropologist as Hero« gegeben: Ähnlich wie Conrad, T.E. Lawrence, Saint-Exupéry, Montherlant und Malraux im

»Métier« des Abenteurers habe Lévi-Strauss im Beruf des Anthropologen eine »geistige Berufung«, eine »totale Beschäftigung« entdeckt:

>»Er ist einer der wenigen intellektuellen Berufe, die nicht verlangen, daß man die eigene Männlichkeit opfert. Er erfordert Mut, Abenteuerlust und Körperkraft ebenso wie Verstand. Überdies verspricht er eine Erlösung von jenem schmerzlichen Nebenprodukt der Intelligenz: der Entfremdung.«[31] »Der Anthropologe als Mann ist damit beschäftigt« – so resümiert sie ironisierend – »die eigene Seele zu retten.«[32]

Die objektive Sphäre einer solchen »Heilssuche« schildert Lévi-Strauss als in doppelter Hinsicht entqualifiziert: weder ist sie mehr Ort der gefahrvollen Bewährung eines reisenden Ichs, noch offenbaren sich dem Reisenden der *Traurigen Tropen* die letzten Enklaven eines noch nicht in Auflösung begriffenen, unberührten »primitiven« Lebens. Die einzige Erfahrung, die ihm statt dessen zuteil wird, ist die eines »beschädigten Subjekts«, dem der Endpunkt des eingeschlagenen Weges in eben dem Maße als mit dem Ausgangspunkt identisch erscheint, in dem es sich überall und immer wieder von neuem auf sich selbst zurückgeworfen sieht.

Zur affektiven Bewältigung dieser Enttäuschung aber bedurfte es für Lévi-Strauss erst der räumlichen und zeitlichen Distanz:

>»Auf unerwartete Weise hat die Zeit zwischen mich und das Leben ihren Isthmus geschoben; es bedurfte Jahre des Vergessens, um mich einer alten Erfahrung zu stellen, deren Sinn und innerstes Wesen mir einst eine Reise bis ans Ende der Welt vorenthalten hatte.«[33]

In einem merkwürdigen Widerspruch zu diesem Geständnis steht jedoch die Insistenz, mit der Lévi-Strauss, nicht zuletzt im Hinblick auf seine eigenen Feldforschungen, »jene innere Umwälzung«, die der Ethnograph im Feld erfährt und »die aus ihm wahrhaftig einen neuen Menschen macht«,[34] wiederholt hervorgehoben hat. So beschreibt er etwa in der Replik auf Roger Caillois' Kritik an seinen, in *Race et Histoire* entwikkelten anthropologisch-geschichtsphilosophischen Thesen[35] die »ethnographische Erfahrung« nach dem Vorbild und in Begriffen eines schamanistischen Initiationsrituals, in dessen Verlauf sich der Ethnograph um den Preis einer »chronischen Entwurzelung« (dépaysement chronique) ein »geheimes Wissen« (sagesse secrète) erwerbe, das ihm die »Menge der Kleinmütigen und Zuhausegebliebenen« (la foule des pusillanimes et des casaniers) vergeblich streitig zu machen versuche.[36] In der von Lévi-Strauss entwickelten Theorie einer strukturalen Anthropologie schließlich erhält die ethnographische Erfahrung – wie es noch zu zeigen sein wird – einen zentralen Stellenwert.

Den Widerspruch zu klären zwischen der Emphase, mit der Lévi-Strauss die ethnographische Erfahrung in den Rang einer existentiellen Kategorie erhebt, und dem gleichzeitigen Eingeständnis, die in der Ethnographie gesuchte Erfahrung habe sich ihm im aktuellen Erleben entzogen, hieße nach der Eigenart einer Realerfahrung zu fragen, die gleichermaßen zum Anlaß überheblicher Selbstheroisierung wie zum Anlaß schmerzhafter Enttäuschung hat werden können.

# II. Rationalität und Exotik oder Der Mythos der Feldarbeit

Gewiß ist die Ethnologie nicht die einzige empirische Sozial-wissenschaft,[37] die durch die Verwendung einer definito-risch streng festgelegten Fachterminologie den Anspruch auf exakte Wissenschaftlichkeit zu erheben und zu unterstrei-chen versucht. Der Kontrast zwischen theoretischer Analyse und empirischer Fallstudie aber ist in keiner anderen Sozial-wissenschaft augenfälliger als in der Ethnologie.

Der hohe Grad von Formalisierung, nach dem sie strebt, findet darin Ausdruck, daß sie ihre Begriffsmuster mit Vor-liebe der Mathematik entlehnt. So ist in ethnologischen Analysen nicht nur von der »*Funktion* eines Brauches« oder von der »*Reziprozität* sozialer Beziehungen« die Rede; viel-mehr werden, ebenso wie zur Darstellung primitiver Ver-wandtschaftssysteme geometrische Diagramme, zur Eintei-lung der Heiratssysteme algebraische Begriffe wie »*elemen-tar*«, »*komplex*« und »*asymmetrisch*« verwendet, oder die Sei-tenverwandten einer Generation, gemäß dem Geschlecht der Geschwister ihrer Eltern, in »matri-«, resp. »patri-lineare«, »*cross-*« und »*parallel*-cousins« unterschieden usw.[38]

Die Abstraktheit des Kategorienapparates der Ethnologie steht dabei verschiedentlich im Gegensatz zur Fülle und Konkretheit des untersuchten ethnographischen Stoffes. Der geometrisierende und formalisierende Gestus der Sprache ethnologischer Theorie wird am deutlichsten, wenn man ihn den materiellen Quellen, den von Gefühlswerten und einer unterschwelligen Romantik eingefärbten klassischen ethnographischen Monographien gegenüberstellt.

Unter Titeln wie: *Argonauts of the Western Pacific* (Malinowski 1922), *Coral Gardens and their Magic* (Malinowski 1935), *We, the Tikopia* (R. Firth 1936) oder *A Black Byzantium* (Nadel 1942) möchte man eher Romane vermuten als das, was sie tatsächlich sind: Inkunabeln empirischer Feldforschung, die als solche einer ganzen Generation von Ethnographen als Vorbild dienten.

Romanesk muten denn auch oft die Beschreibungen der Lebensformen der »Primitiven« an, poetisch die der Landschaften, die der Autor den Leser mit ihm zusammen aufzusuchen auffordert:

»Will man eine der typischen großen Siedlungen dieser Eingeborenen besuchen, sagen wir, nahe Fife Bay (...), so ist es am besten, in einer großen, geschützten Bucht oder an einem der ausgedehnten Strände am Fuße einer hügeligen Insel an Land zu gehen. Wir betreten einen hohen, hellen Hain von Palmen, Brotbäumen, Mango- und anderen Obstbäumen mit oft sandigem Untergrund, der sorgfältig vom Unkraut befreit und sauber ist. Hier wachsen Gruppen von Zierbüschen, wie der rotblühende Hibiskus, der Croton oder wohlriechende Sträucher. Hier finden wir das Dorf. (...) Wenn wir an einem heißen Tag in den tiefen Schatten der Obstbäume und Palmen treten und uns selbst inmitten der wundervoll gestalteten und verzierten Häuser wiederfinden, die sich da und dort in lockeren Gruppen im Grün verbergen, umgeben von kleinen Ziergärten aus Muscheln und Blumen, mit von Kieseln eingesäumten Pfaden und steingepflasterten Sitzkreisen, so scheint es, als ob die Wunschbilder vom ursprünglichen, glücklichen, wilden Leben sich plötzlich erfüllt hätten, wenn auch nur in einem flüchtigen Eindruck. Große Kanu-Rümpfe werden hoch auf den Strand gezogen und mit Palmblättern bedeckt, hier und da werden Netze, die man auf besonderen Ständern ausbreitet, getrocknet, und auf den Terrassen vor den Häusern sitzen Männer und Frauen in Gruppen rauchend und schwatzend, mit irgendeiner häuslichen Arbeit beschäftigt.«[39]

34

Reibungslos gestaltet sich in dieser »Passage« – sie ist dem Einleitungskapitel von Malinowskis *Argonauts of the Western Pacific* entnommen – der Übergang von der Darstellung landschaftlicher Schönheiten zum Bild des Eingeborenendorfes. In einer, Paradiesbilder evozierenden, natürlichen Umwelt erscheinen die Kulturprodukte der sie bevölkernden »Naturmenschen« gleichsam wie eingebettet. Dieser Vorgang wird um so aufschlußreicher, wenn man ihn in Zusammenhang betrachtet mit einer wenige Seiten zuvor vorgenommenen ersten Formulierung der Prinzipien wissenschaftlicher Feldforschung, als deren eigentlicher Begründer Malinowski gilt. Die harmonische Übereinstimmung von Natur und Kultur weist auf eine Zweideutigkeit des Begriffs der primären Tätigkeit des Feldforschers: »*Field-work*« – das Sammeln empirischer Daten in einem dem Forscher fremden kulturellen Kontext.

Zwischen die formalistische Abstraktheit des Kategorienapparats der Ethnologie und die konkrete sinnliche Erfahrung des Ethnographen schiebt sich der Begriff der Feldarbeit ein, als der vermittelnde Terminus einer Arbeitsbeziehung. Zu Recht nennt ihn Fritz Kramer das »Arkanum der britischen Sozialanthropologie«.[40] Die Mehrwertigkeit seines semantischen Umfelds weist freilich auf eine nur unvollkommene szientifische Purifikation. Die Konnotationen von Aktivität, Körperlichkeit und Schweißgeruch in dem Wort »Arbeit« werden durch das Präfix »Feld« noch verstärkt:

Zur »muffigen Gelehrtenstube« stellt das »offene Feld« den Gegensatz dar.[41] Andererseits wird durch die Bezeichnung »Feld«[42] für den Gegenstand ethnographischer Untersuchungen Gleichwertigkeit von ethnologischer und naturwissenschaftlicher Forschung in eben dem Maße beansprucht, in dem die scheinbare Naturhaftigkeit »primitiver« Gesellschaften herausgestellt wird.

Die Emphase, mit der in der ethnologischen Literatur der Begriff »field-work« verwendet wird,[43] deutet auf notwendige Verschleierungsfunktionen des Begriffs. Denn die Realität ethnographischer Erfahrung sieht anders aus. In der Situation der »Feldarbeit« scheint das Relationsverhältnis, das der Begriff unterstellt, vertauscht: stärker als die Rolle eines Subjekts, das Erfahrungen bildet, das am Objekt erkenntnismäßige Arbeit leistet, fällt dem Ethnographen vielmehr die Rolle eines selbst vom Objekt beherrschten Subjekts zu. Zumindest in den ersten Stadien der Untersuchungen einer ihm fremden Gesellschaft beschränkt sich seine Tätigkeit darauf, mit der physischen und psychischen Ausnahmesituation, in die er sich gestellt findet, fertig zu werden.[44]

Daß der Forscher sich um die tägliche Befriedigung elementarer Bedürfnisse selbst zu kümmern hat, gehört dabei noch zu den geringsten Schwierigkeiten, mit denen er sich konfrontiert sieht. »Ins Feld gehen« stellt nicht nur einen Verzicht auf die Annehmlichkeiten einer »urbanen Zivilisation«[45] dar; in der Regel isoliert von den Mitgliedern seiner eigenen Kultur, muß der Feldforscher sich nicht nur im Medium einer fremden Sprache bewegen, sondern sich darüber hinaus auch Verhaltensweisen und Wertskalen anpassen, die denen seines eigenen sozialen Kontexts nicht selten konträr entgegengesetzt sind.

### »Cherchez la vache«: Evans-Pritchard und die Nuer

Als exemplarisch nicht nur für die Eigenart dieser Probleme, sondern auch für die Schwierigkeiten, sie in adäquater Weise wiederzugeben, kann Evans-Pritchards Bericht über seine

Felderfahrungen bei den Nuer herangezogen werden. Die Nuer – ein egalitärer Stammesverband kriegerischer nomadisierender Rinderzüchter im Süd-Sudan – hatten den Versuchen der britischen Kolonialverwaltung, sie zu »befrieden«, jahrelang erfolgreich Widerstand entgegensetzen können. Evans-Pritchard erhielt Anfang der 30er Jahre von der englischen Regierung den Auftrag, in dieser Region Feldforschungen durchzuführen.[46]

In der Einleitung zu seiner Nuer-Monographie schildert er, wie er mehrmals vergeblich versuchte, zu den ihre Außenwelt mit Geringschätzung behandelnden Nuer Kontakt aufzunehmen. Da die Rinderzucht eine der wesentlichen Grundlagen ihrer Ökonomie ist und auch ihre sozialen Beziehungen zum großen Teil auf dem Austausch von Rindern (z. B. als Heiratsgut) basieren, kommt in ihrem alltäglichen Leben allem, was mit Rindern und Rinderzucht zusammenhängt, hervorragende Bedeutung zu: »Die Nuer neigen dazu, alle sozialen Vorgänge mit Begriffen zu bezeichnen, die im Bezug zum Rind stehen. Ihr soziales Idiom ist ein bovines Idiom.«[47] Der Besitz von Rindern spielt darüber hinaus, wie Evans-Pritchard bald herausfand, in der sozialen Wertskala dieser ethnozentrischen und segmentär organisierten Gesellschaft die Rolle eines wichtigen Unterscheidungskriteriums, von dem einerseits das soziale Prestige einzelner Familien innerhalb des Stammes, andererseits und insbesondere aber auch die Einschätzung anderer Stämme durch die Nuer abhängt:

»(. . .) *cherchez la vache* ist der beste Rat, den man jedem geben kann, der das Verhalten der Nuer zu verstehen wünscht (. . .). Die Einstellung der Nuer zu ihren Nachbarn und die Beziehungen, die sie mit ihnen unterhalten, werden von ihrer Liebe zu den Rindern und ihrem Verlangen beeinflußt, in deren Besitz zu gelangen. Sie empfinden eine tiefe Verachtung für Völker, die nur wenige oder gar keine Rinder haben (. . .)«[48]

Sich das Vertrauen seiner Informanten zu erwerben und von den Nuer als gleichwertig anerkannt zu werden, gelang Evans-Pritchard daher erst, nachdem er sich selbst eine kleine Rinderherde zugelegt hatte:

>Nach den üblichen Anfangsschwierigkeiten begann ich mich bald selbst als ein Glied der Gemeinschaft zu fühlen und als solches akzeptiert zu werden, vor allem nachdem ich mir selbst ein paar Rinder zugelegt hatte.«[49]

An dieser Stelle ist vor allem der Gegensatz erstaunlich zwischen der Ausführlichkeit, mit der von den ersten Seiten des Berichts an die Bedeutung hervorgehoben wird, die die Rinderzucht im Leben der Nuer einnimmt, und der lapidaren Kürze, mit der das Erfahrungsmoment (»ich begann mich als ein Glied der Gemeinschaft zu fühlen«) – die Assimilationsleistung des Forschers, die die Adaption des Status eines Rinderzüchters für einen britischen Staatsbürger doch dargestellt haben muß – mitgeteilt ist. Was sie für ihn persönlich bedeutet haben mochte, läßt sich – dem Umfang eines Nebensatzes entgegen – allein aus dem Gewicht ermessen, das dem »Cattle-Complex« der Nuer im Fortgang des Textes beigelegt wird.

Nach seiner Integration in das Stammesleben aber (und nicht nur im Initialstadium) stellten sich Evans-Pritchard erst wirklich die aus unterschiedlichen Lebensgewohnheiten resultierenden Probleme. So kriegerisch sich die Nuer nämlich nach außen hin gebärden, so intim – und für westeuropäische Begriffe impertinent – ist die Anteilnahme, die sie innerhalb der Dorfgemeinschaft füreinander entwickeln. Evans-Pritchard ist es daher während seines mehrmonatigen Aufenthalts bei den Nuer fast unmöglich gewesen, auch nur wenige Minuten täglich allein zu verbringen:

»(. . .) wenn man sich einmal dazu entschlossen hat, in einem Nuer-Lager zu leben, muß man sich auch den Bräuchen der Nuer fügen, und sie sind hartnäckige und unermüdliche Besucher. Am schwersten zu ertragen war das öffentliche Interesse, das man allen meinen Handlungen entgegenbrachte, und es brauchte seine Zeit, bis ich abgehärtet genug war, selbst die intimsten Verrichtungen in aller Öffentlichkeit oder in voller Sichtweite des Lagers vorzunehmen; vollständig habe ich mein Unbehagen jedoch nie überwinden können.«[50]

Bei der Lektüre dieser beiden Textstellen kann man sich nur schwer des Eindrucks erwehren, daß Evans-Pritchard bei der Darstellung seines privaten Konfliktfalls in Zusammenhang einer wissenschaftlichen Monographie unter einem Legitimationszwang[51] steht, demzufolge die Probleme, die sich ihm bei der Aufnahme von Kontakten und beim täglichen Umgang mit den Eingeborenen stellten, einerseits nur in der Einleitung des Buches benannt, andererseits aber als für die Lebensweise der Nuer im allgemeinen kennzeichnend dargestellt werden. Darüber hinaus bedient er sich bei der Behandlung seiner persönlichen Schwierigkeiten des Mittels der Selbstironie – einer klassischen Form der Distanzierung.

Räumliche wie zeitliche Distanz zum Gegenstand wird von Evans-Pritchard an anderer Stelle zum methodischen Prinzip erhoben: In dem der Geschichte und den Techniken der »Feldarbeit« gewidmeten Kapitel seines Standardwerks über die Methoden der Sozialanthropologie[52] stellt er zwar die Forderung auf, daß der Ethnograph in der Regel mindestens zwei Jahre bei der von ihm zu untersuchenden Stammesgesellschaft verbringen müsse; gleichzeitig aber spricht er hier von der Notwendigkeit, die Feldforschungstätigkeit nach den ersten Monaten zu unterbrechen, damit der Forscher die gesammelten Daten in seiner eigenen sozialen Umgebung einer ersten Übersicht unterziehen könne.

»Es wird mindestens noch weitere fünf Jahre brauchen«, so fährt Evans-Pritchard fort, »um die Ergebnisse seiner Forschung den modernen wissenschaftlichen Standards entsprechend publizieren zu können (. . .); folglich muß man damit rechnen, daß eine gründliche Untersuchung einer einzigen primitiven Gesellschaft und die Veröffentlichung der Forschungsresultate ungefähr zehn Jahre dauern wird. «[53]

Für den Feldforscher wird also eine Latenzzeit von mehreren Jahren als notwendig erachtet, die zwischen die Durchführung seiner Feldstudien und deren wissenschaftliche Verarbeitung einzuschieben ist – ein Ratschlag, der wiederum ausschließlich aus wissenschaftlichen Erfordernissen abgeleitet wird, während von den persönlichen, aus der Feldforschungssituation als solcher erwachsenden Schwierigkeiten hier kaum die Rede ist.

## Obskurantismus, Romantik und Ironie
Felderfahrung und ihre Verarbeitung bei Radcliffe-Brown, Malinowski und Evans-Pritchard

Bezeichnenderweise sind Verweise auf persönliche Probleme des Forschers in der älteren ethnographischen Literatur nur spärlich zu finden. Hinter den Gegenstand der Beobachtung tritt die Person des Beobachters meist vollständig zurück.[54] Der Anspruch auf wissenschaftliche Objektivität soll damit unterstrichen und der Verdacht, daß eine persönliche Involviertheit in das Dargestellte auf Inhalt, Form und Auswahl der Darstellung hätte zurückwirken können, von vornherein vermieden werden. Bestenfalls dient die Tatsache des Teilgenommenhabens als wohlfeiles Argument gegen mögliche Einwände. So immunisiert etwa Radcliffe-Brown theoretische Ausführungen über die Glaubensvorstellungen der Andaman-Islanders, die er im Schlußteil seiner Ethnographie dieser Stammesgesellschaft entwickelt und die sich eindeutig am Vorbild von Durkheims Religionstheorie orientieren, gegenüber jeglicher Kritik von seiten der »Schreibtisch-Ethnologie« durch den Hinweis, daß der Feldforscher während seiner Tätigkeit eine »Reihe verschiedener subtiler und nur sehr flüchtiger Eindrücke«[55] empfängt, die er zwar weder analysieren noch anderen vermitteln könne, die aber nichtsdestoweniger die Grundlage einer jeden Theoriebildung, die den Fakten gerecht werden solle, darstellt:

> »Je besser der Beobachter ist, desto ausgeprägter wird auch sein allgemeines Empfinden für die geistigen Eigenarten der Rasse sein. Dieses allgemeine Empfinden kann man unmöglich analysieren, und man kann es ebensowenig beschreiben oder anderen mitteilen. Gleichwohl kann es von größtem Nutzen sein, wenn es darum geht, die Glaubensüberzeugungen und Gebräuche einer primitiven Gesellschaft zu analysieren. Wenn es der richtigen Interpretation nicht positiv Vorschub leistet, so hilft es doch die Irrtümer vermeiden, in die diejenigen nur allzu leicht verfallen, die nicht über dasselbe *unmittelbare Wissen* über die Menschen und ihre Lebensweisen verfügen.«[56]

So bedeutsam auch der Stellenwert ist, der in diesem Argumentationszusammenhang dem Hinweis auf die persönliche Erfahrung zukommt, so wenig erfährt der Leser gleichwohl im Kontext der Darstellung über die Art und Weise der Kontaktaufnahme überhaupt, über das Verhältnis des Forschers zu den Eingeborenen und über die von ihm angewandten Techniken der Informationssammlung.[57]

Schon Malinowski hat das mysteriöse Dunkel kritisiert, in das die Bedingungen und die Umstände, unter denen der Ethnograph zu seinen Daten gelangt ist, in der Regel gehüllt bleiben:

> »Niemandem würde es einfallen, einen Experimentalbeitrag auf den Gebieten der Physik oder Chemie zu schreiben, ohne detailliert über alle Anordnungen der Versuche zu berichten (. . .). In der Eth-

41

nographie, für welche die unvoreingenommene Mitteilung solcher Daten vielleicht noch bedeutsamer ist, wurde dies in der Vergangenheit bedauerlicherweise nicht immer mit genügender Sorgfalt betrieben (. . .).«[58]

Diese Umstände in Rechnung zu stellen hat er selbst zwar versucht. Deren Beschreibung aber erscheint weit eher nach dem Vorbild einer Robinsonade als nach dem einer naturwissenschaftlichen Versuchsanordnung konstruiert.

»Versetzen Sie sich in die Situation, allein an einem tropischen Strand, umgeben von allen Ausrüstungsgegenständen, nahe bei einem Eingeborenendorf abgesetzt zu sein, während die Barkasse oder das Beiboot, das Sie brachte, dem Blick entschwindet. Wenn Sie Ihre Wohnung in der Niederlassung eines benachbarten weißen Mannes genommen haben, eines Händlers oder Missionars, bleibt ihnen nichts weiter zu tun, als unverzüglich mit Ihrer ethnographischen Arbeit zu beginnen. Stellen Sie sich des weiteren vor, daß Sie Anfänger sind ohne vorhergehende Erfahrung, ohne irgendeine Anleitung und jemanden, der Ihnen hilft; denn besagter Weißer ist zur Zeit abwesend oder sonstwie nicht in der Lage oder unwillig, seine Zeit an Sie zu vergeuden. Genau dies beschreibt meine ersten Schritte in der Feldforschung (›first initiation into fieldwork‹) an der Südküste Neuguineas. Ich erinnere mich gut an die langen Besuche, die ich in den Dörfern während der ersten Wochen abstattete. Das Gefühl der Hoffnungslosigkeit und Verzweiflung nach vielen unbeirrten, aber vergeblichen Versuchen machte es mir völlig unmöglich, in eine wirkliche Berührung mit den Eingeborenen zu kommen oder mich mit irgendwelchem Material zu versorgen. Ich erlebte Perioden der Mutlosigkeit, während derer ich mich im Romanlesen vergrub, ähnlich einem Mann, der im Anfall tropischer Depression und Langeweile zu trinken beginnt. Nun stellen Sie sich vor, Sie betreten zum ersten Mal alleine oder in Begleitung ihres weißen Fremdenführers das Dorf. (. . .) Ihr weißer Begleiter hat seine routinierte Art, die Eingeborenen zu behandeln, und er wird weder die Art verstehen, in der Sie als Ethnograph sich den Eingeborenen nähern müssen, noch wird er sich dafür interessieren. Der erste Besuch hinterläßt in Ihnen den hoffnungsvollen Eindruck, daß alles leichter sein wird, wenn Sie alleine zurückkehren. Zumindest war dies meine Hoffnung.«[59]

In anderem Zusammenhang wird auf diesen hier sehr ausführlich zitierten Appell Malinowskis an die Imaginationskraft seiner Leser in einer Passage aus dem Einleitungskapitel der *Argonauts*, die zur Darstellung der von ihm entwickelten Feldforschungstechnik überleitet, eingehender Bezug genommen. Aufmerksam gemacht werden soll hier nur auf die bereits an anderer Stelle als für Malinowskis Darstellungsweise charakteristisch hervorgehobene Tendenz, das Erlebnis der Feldarbeit zu einem romantischen Abenteuer zu verklären, angesichts dessen physische Entbehrungen und psychische Strapazen als leicht in Kauf zu nehmende Opfer erscheinen. Die hier unter der Bedingung ihrer Instrumentalisierung unmittelbar erfolgenden Eingeständnisse lassen Rückschlüsse auf die Motivationsstruktur des Forschers zu. Insofern sind sie als Mittel zur Überprüfung des Wertes seiner wissenschaftlichen Aussagen – wenn auch in einem anderen als dem intendierten Sinn – verwendbar. Intentional aber mögen sie vor allem der Selbstdarstellung des Autors und somit nicht zuletzt der Beförderung seiner eigenen Legende gedient haben.[60]

Die drei hier angeführten und eher willkürlich ausgewählten Beispiele können als paradigmatisch für die Befangenheit gewertet werden, die die Darstellung der aus der Feldsituation erwachsenden subjektiven Schwierigkeiten offensichtlich kennzeichnet. Sie findet ihr Gegenstück in der Bedeutung, die der Berufung auf die Felderfahrung in den jeweiligen Argumentationsketten zukommt.

Während Evans-Pritchard die Erinnerung an Probleme dieser Art mit Ironie bewältigt oder sie anderweitig neutralisiert, indem er sie als Anlaß für ausführliche wissenschaftliche Erörterungen gebraucht, erscheinen diese bei Radcliffe-Brown, im Rahmen einer den Forscher gleichwohl zur hilflosen Zielscheibe einer Reihe nicht-verbalisierbarer »Eindrücke« deklarierenden, obskurantistischen Einfühlungstheorie, fast gänzlich unterdrückt. Malinowski, der sie als willkommenes Mittel der Selbststilisierung verwendet, gesteht die psychische Desolatheit der Situation des Forschers noch am offenherzigsten ein.

Die in allen drei Fällen gleichermaßen offenbar werdende Unmöglichkeit, subjektive Probleme der Feldarbeit in einer adäquaten, sie weder mystifizierenden noch ironisierenden noch stilisierenden Weise wiederzugeben, verweist auf die spezifische Form der Selbsterfahrung, die dem Forscher im Felde widerfährt, als das intrinsische Zentrum der Ethnographie. Von der Felderfahrung als einer traumatischen zu reden, gehört heute zu den gängigsten Topoi ihrer Selbstreflexion.[61] Weit eher als eine bestimmte Form der Einwirkung eines Subjekts (des Feldarbeiters) auf ein ihm äußeres Objekt (das Feld der Eingeborenengesellschaft) ließe sich die »Arbeit«, die der Ethnologe »im Feld« zu verrichten hat, als eine spezifische Form der Verarbeitung von Schockmomenten[62] und von persönlichen Schwierigkeiten beschreiben, wie sie ihm in der Situation des transkulturellen Kontaktes und in Korrelation zur eigenen sozialen Charakterstruktur erwachsen. Ein nicht geringer Teil der Tätigkeit des Forschers bestünde dementsprechend in der Entwicklung oder Reaktivierung psychischer Mechanismen, die geeignet erscheinen, die Vielzahl emotionaler Probleme, denen er sich ausgesetzt sieht, bewältigen zu helfen. Gewissermaßen klassisches Belegmaterial für diese These läßt sich Malinowskis posthum veröffentlichtem Feldtagebuch[63] entnehmen.

## »A Diary in the Strict Sense of the Term«
### Exkurs zu Malinowskis Feldtagebuch

Bronislaw Malinowski wird von seinen Schülern und Biographen als exzentrische Persönlichkeit mit ausgeprägt extrovertierten Charakterzügen beschrieben. Will man etwa Edmund Leach folgen, so war er von der öffentlichen Meinung und Anerkennung in einem solchen Maße abhängig, daß er zeit seines Lebens »um den Applaus der Galerie mehr bemüht schien als um das Streben nach Wahrheit«.[64] Kardiner und Preble schildern ihn als einen Mann, der es liebte, im gesellschaftlichen Leben eine aktive Rolle zu spielen, und Einsamkeit so wenig ertragen konnte, daß er sich ständig mit einem Kreis von Freunden, Schülern und Verehrern umgab.[65] In einem fremden sozialen Kontext, in dem andere Wertmaßstäbe und Verhaltensmuster gültig waren, leben zu müssen, dürfte daher gerade Malinowski schwergefallen sein.

Von hierher kann schon allein die Führung eines Tagebuches als ein symptomatischer Akt angesehen werden: Diente sie zum einen, als die Institutionalisierung eines täglichen Dialogs, der Aufrechterhaltung des Kontaktes zur eigenen Sprache und Kultur, so lag ihre Funktion zum anderen auch in der Bewahrung einer Identität, die, auf das Vorhandensein des festen gesellschaftlichen Kommunikationszusammenhangs wesentlich angewiesen, sich durch die Veränderung der vertrauten sozialen Umgebung in schwere Krisen gestürzt sah. Verblüfft stellt Malinowski denn auch einmal fest, daß er sich nach längerem Umgang mit europäischen Kolonialresidenten oft nicht mehr in der Lage sah, seine täglichen Eintragungen vorzunehmen.[66] Die Zwanghaftigkeit, mit der er sich an die selbstgewählte Devise »non dies sine linea« hielt, verrät ein verborgenes Wissen um den therapeutischen Wert, den in der Einsamkeit der ethnographischen

Situation die Möglichkeit bot, die Leiden des Alltags durch ihre schriftliche Objektivierung zu lindern. So heißt es programmatisch auf der ersten Seite des Tagebuchs von 1917/18:

»Tag für Tag, ohne Ausnahme, werde ich die Ereignisse meines Lebens in chronologischer Reihenfolge berichten. – Jeden Tag ein Bericht über den vergangenen Tag: ein Spiegel der Ereignisse, eine moralische Bewertung, Auffinden der Triebfedern meines Lebens, ein Plan für den nächsten Tag.«[67]

Als ein »Spiegel der Ereignisse« ersetzte das Tagebuch Malinowski nicht nur den vertrauten lebendigen Gesprächspartner; vielmehr fungierte es darüber hinaus als zensierende Instanz, die, mit allen Attributen eines gestrengen Über-Ichs ausgestattet, ihm als wesentliches Mittel der Selbstbeobachtung und -disziplinierung diente:

»Der völlige Mangel an moralischem Charakter ist katastrophal. (. . .) ich brauche ein System bestimmter formeller Verbote: ich darf nicht rauchen, ich darf keine Frau mit suberotischen Absichten berühren, ich darf E.R.M.* nicht in Gedanken betrügen, d.h. mich an meine früheren Beziehungen mit Frauen erinnern oder an zukünftige denken . . . Die wesentliche innere Persönlichkeit über alle Schwierigkeiten hinweg bewahren: Ich darf niemals moralische Prinzipien oder wichtige Arbeit für ›Posieren‹, für gesellige *Stimmung* (dt.) etc. aufgeben. Meine Aufgabe muß jetzt sein: Arbeit. Ergo: arbeite!«[68]

Moralische Appelle und Selbstanklagen wie die zitierten finden sich in Malinowskis Aufzeichnungen nahezu täglich. Vor der Schilderung des eigenen Innenlebens, vor Klagen über Heimweh und Depression, über echte und eingebildete Krankheiten, treten die Vorgänge in der Außenwelt weithin

---

* E.R.M., d.i. Elsie R. Masson, Malinowskis Verlobte in Melbourne.

in den Hintergrund, oder sie gerinnen nicht selten zu bloßen Szenarien:

»Spazierte um die Insel; für Augenblicke war ich ruhig und glücklich; dann wieder verzweifelte Sehnsucht nach E.R.M. und dem ›Leben‹ (. . .) Eine Weile saß ich auf einer Bank; Sterne, das Meer, die unermeßliche Leere des Universums, in dem der Mensch sich verliert; die Augenblicke, da man mit der objektiven Realität verschmilzt, da das Drama des Universums aufhört, Kulisse zu sein und zur Darstellung wird – dies sind die Augenblicke des wahren Nirvana.«[69]

Malinowski hat später wiederholt auf seine intime Vertrautheit mit dem Leben der Eingeborenen verwiesen. Aus den vorliegenden Aufzeichnungen scheint jedoch hervorzugehen, daß Malinowskis Unternehmen aus Gründen, über die noch zu diskutieren sein wird, gerade in dieser Hinsicht als gescheitert angesehen werden kann.[70] Denn der Leser, der sich aus seinem Feldtagebuch Aufschluß über den tatsächlichen Charakter seiner Beziehungen zu den Eingeborenen, über den Grad seiner wirklichen Vertrautheit mit den eingeborenen Informanten erwartet, wird unweigerlich enttäuscht. Statt dessen erfährt er von Malinowskis schier unbezähmbarer Sucht nach der Lektüre exotischer Romane, die ihm fast täglich einen Anlaß zu Selbstvorwürfen bereitete, weil er sie, wie er sich wiederholt eingestehen mußte, nur allzugern dem Umgang mit den wirklichen »Wilden« vorzog.[71]

Zwischen der zentralen Rolle, die eine mit Selbstvorwürfen vermengte quälerische Innenschau in seinen Tagebucheintragungen einnimmt, und jenem offensichtlichen Mangel an haltbaren menschlichen Beziehungen zu den Eingeborenen besteht vermutlich ein Zusammenhang, der der Erklärung bedarf. In *The Sexual Life of Savages* schildert Malinowski die Trobriand-Inseln als ein »rousseausches Sexualparadies«.[72] Selbst wenn man an seiner Darstellung der erotischen Atmosphäre, die den Alltag des Insellebens scheinbar weitgehend bestimmte, diejenigen Anteile abstreichen wollte, die sich, sei es der Phantasietätigkeit des Autors, sei es der seiner Informanten selbst verdankten,[73] so mußte die, in Relation zu den sexuellen Restriktionen der Gesellschaft seiner Zeit, zweifellos weitaus größere Freizügigkeit der Trobriander von einem Europäer, der unter der Prüderie des viktorianischen Zeitalters aufgewachsen war, als stete Herausforderung empfunden werden, auf die gemäß seinen Bedürfnissen zu reagieren ihm aufgrund der verinnerlichten Zwänge einer rigiden Sexualmoral nicht möglich war. Die Schilderung der Versuchungen und wollüstigen Gedanken, unter denen Malinowski tagtäglich zu »leiden« hatte, nimmt in seinem Tagebuch – oft in Zusammenhang mit den bereits erwähnten Klagen über chronische Stimmungstiefs – breitesten Raum ein. Vor allem die unvermeidbare tägliche Konfrontation mit einer intentionslos zur Schau getragenen Körperlichkeit wurde Malinowski in demselben Maße zum ständigen sexuellen Reiz, in dem die solchermaßen sich Gerierenden weder von der Wirkung wußten, die von ihrer Nacktheit auf einen »zivilisierten« Beobachter ausging, noch ihrerseits an der Durchbrechung bestehender Kommunikationsschranken interessiert zu sein schienen:

»Um 5 nach Kaulaka gegangen. Ein hübsches, gut gebautes Mädchen ging vor mir her. Ich betrachtete die Muskeln ihres Rückens, ihre Figur, ihre Beine, und die Schönheit des uns Weißen so verborgenen Körpers faszinierte mich. Selbst bei meiner eigenen Frau werde ich wahrscheinlich nie die Möglichkeit haben, das Spiel der Rückenmuskeln so lange zu beobachten wie bei diesem kleinen Tier. Momentan bedauerte ich, daß ich kein Wilder war und dieses hübsche Mädchen nie besitzen konnte.«[74]

Solchermaßen unzensiert an die Oberfläche des Bewußtseins gelangende Triebwünsche, deren genitale Befriedigung nicht möglich schien, zumal die Bereitschaft dazu auf der Seite der Eingeborenen nicht gegeben war,[75] und der sich darüber hinaus die, einerseits unmittelbare Angst- und Schuldgefühle produzierenden, andererseits eine Herabsetzung des Objekts bewirkenden, verinnerlichten eigengesellschaftlichen Normen entgegenstellten, waren Malinowski ein unablässiger Anlaß für innere Konflikte, zu deren Bewältigung er ein ganzes Inventarium von Abwehrmechanismen entwickelte, die in dem Maße, in dem sie den Triebansprüchen Einhalt gebieten sollten, die auf intimste Formen der Kontaktaufnahme abzielten, auch auf weitaus unverfänglichere Formen der Kommunikation zerstörerisch zurückwirkten und seine Isolation nur noch verstärkten.

Gerade unter diesem letzten Gesichtspunkt erweist sich die Frage nach der Eigenart dieser Abwehrmechanismen als aufschlußreich. Aus der Reiseberichterstattung und der Kolonialliteratur des 19. Jahrhunderts ist hinlänglich bekannt, wie europäische Forschungsreisende, Kolonialbeamte und Missionare, die es sich, sofern sie sich als Repräsentanten der Zivilisation verstanden und sofern sie ihren Ruf nicht aufs Spiel setzen wollten, im Gegensatz zu den einfachen Händlern und Großwildjägern nicht erlauben durften, sexuelle Beziehungen zu den Eingeborenenfrauen aufzunehmen, ähnliche Situationen zu »meistern« versuchten, sei es durch wiederholte waffentechnische Demonstrationen, sei es durch den Gebrauch der Peitsche oder sei es auch nur durch das Gebet.[76] Es versteht sich von selbst, daß Malinowski seinem eigenen Anspruch gemäß auf solche mehr oder weniger offenen Abfuhrmöglichkeiten nicht zurückgreifen konnte. Berücksichtigt man, daß er schon allein die Nacktheit der Trobriander – so befremdlich dies aus der Sicht unserer geänderten heutigen Gewohnheiten auch erscheinen mag – offenbar als ständige Herausforderung empfand, so ist es nicht weiter überraschend, daß unter den möglichen Abwehrtechniken überhaupt der Verdrängung[77] nur eine relativ untergeordnete Rolle zukommen konnte. Unschwer läßt sich lediglich in seiner Neigung zur Hypochondrie eine unbewußte Symptombildung erkennen, deren Ursachen in einer unterdrückten Berührungslust zu suchen sind. Bewußt versuchte er hingegen, aufsteigender Triebregungen durch Konzentration auf seine ethnographischen Aufgaben oder durch selbstdisziplinierende körperliche Aktivitäten wie Rudern, Gymnastik etc. Herr zu werden, durch Tätigkeiten also, die man zum Teil als Ersatzhandlungen und zum Teil als Reaktionsbildungen dechiffrieren kann. Für den besonderen Charakter der Situation, in der er sich befand, erscheint indes die merkwürdige und zwiespältige Funktion kennzeichnend, die er bei der Bewältigung gestauter Triebansprüche der Person seiner späteren Frau Elsie R. Masson zumaß, mit der er sich kurz vor seiner Abreise in Melbourne verlobt hatte und mit der er während seines Aufenthalts in Melanesien einen regen Briefwechsel unterhielt. Bemühte er sich einerseits, alle sexuellen Wünsche, die der Umgang mit den Eingeborenenfrauen in ihm wachrief, auf die Person seiner Verlobten zu projizieren, so verkörperten sich ihm andererseits in ihrem Bilde alle moralischen Normen seiner eigenen Gesellschaft in einem solchen Maße, daß ihm »E. R. M.« bald zur imaginierten Richterin wurde, vor der er alle seine Handlungen und selbst noch seine nur phantasierten Wunscherfüllungen rechtfertigen zu müssen glaubte.

Einige der bezeichnendsten Beispiele seien im folgenden zitiert:

»An Elsie denke ich ununterbrochen, und ich fühle mich *zur Ruhe gekommen.* Ich sehe die schlanken, geschmeidigen Körper kleiner Mädchen im Dorf und ich sehne mich – nicht nach ihnen, sondern nach ihr.«[78]

»Ich liebe nackte Menschenkörper in Bewegung, und für Augenblicke erregen sie mich sogar. Aber ich widerstand erfolgreich allen Gedanken, für die ich mich schämen müßte oder die Elsie zu offenbaren ich mich scheuen würde. Ich dachte an sie, wie der menschliche Körper mich immer an sie denken läßt. «[79]

»Am Abend mit Bill gesprochen – über Romane etc. – dann *schloß ich mich der Gesellschaft in der Küche an.* Die nackten Leiber, durchs Perkalgewebe gezeichnet, gespreizte Beine, Brüste etc. erregten mich. Ich schauderte ein paar Mal kataleptisch (sic), fixierte meine Gedanken streng auf E.R.M. Ich versuche stets, das Problem umzukehren: an sie zu denken, und ob männliche Körper ähnliche rohe *Instinkte* bei ihr wecken. Das ist eine kalte Dusche für mich, und ich *schaudere körperlich.* «[80]

Noch kurz nach seiner Ankunft auf den Inseln hatte Malinowski seinem Tagebuch anvertraut, daß er die geistigen Qualitäten von »E.R.M.« weit attraktiver schätzte als ihren Körper. Bezeichnend ist, daß er sie wenig später zur einzigen Frau erklärt, die er physisch begehren könnte.[81]

Noch aufschlußreicher für die Fortführung unserer Fragestellung erscheint eine weitere Abwehrtechnik, derer sich Malinowski anfangs nur zögernd, später aber immer häufiger bediente. Gemeint ist die Wiederaufrichtung der Vorurteilsstruktur. In den oben angeführten Zitaten findet sie ihren Ausdruck bereits in der Zuordnung der Sexualität der Eingeborenen zur Natursphäre: Mit der Gleichsetzung seiner Triebobjekte mit dem Tierreich (»dieses kleine Tier«) denunziert er gleichzeitig seine eigenen Triebwünsche als instinkthaft-tierische. Auf dasselbe ethnozentrische Vorurteil rekurrierend, versucht er bei anderer Gelegenheit, wiederum in Berufung auf seine sentimentale Beziehung zu Elsie Masson, die scheinbar überlegene sublimierte Erotik der eigenen Kultur gegen die krude Sinnlichkeit der »Wilden« auszuspielen:

»Ich traf Frauen an der Quelle, beobachtete, wie sie Wasser schöpften. Eine von ihnen, sehr attraktiv, erregte mich sinnlich. Ich dachte daran, wie leicht ich mit ihr eine Beziehung anknüpfen könnte. Bedauern, daß es eine solche Unvereinbarkeit geben kann:

physische Anziehung und persönliche Abneigung. Persönliche Attraktion ohne physischen Magnetismus. Auf dem Rückweg folgte ich ihr und bewunderte die Schönheit des menschlichen Körpers. Die Poesie des Abends und Sonnenuntergangs überstrahlte alles. Ich dachte daran, wie wunderbar E. R. M. auf all dies reagieren würde und erkannte die Kluft zwischen mir und den Menschenwesen um mich her.«[82]

Die Vergegenwärtigung der schier unüberwindbaren »Kluft« zwischen ihm und den Menschen seiner Umgebung und die Reaktivierung zunächst unterdrückter Vorurteile verwendet Malinowski später immer häufiger als bevorzugtes Mittel, um die Enttäuschungen, die er im Umgang mit den Eingeborenen erfahren mußte, ertragen zu können. Vornehmlich dann, wenn sich seine Informanten ihm gegenüber indifferent oder abweisend verhielten und ihn somit die Unüberbrückbarkeit der Außenseiterposition ebenso wie die tatsächliche Abhängigkeit, in der er sich befand, deutlich fühlen ließen, findet seine Verbitterung und Hilflosigkeit regelmäßig ihren Niederschlag in einer wahren Flut von Invektiven:

»Um 10 ging ich nach Teyava, wo ich ein Haus, eine Gruppe von Mädchen und den *wasi* photographierte (...). Bei dieser Gelegenheit machte ich ein paar grobe Scherze, und ein dreckiger *Nigger* machte eine mißbilligende Bemerkung, worauf ich sie beschimpfte und höchst aufgebracht war. Es gelang mir, mich *auf der Stelle* zu beherrschen, aber ich war furchtbar verärgert über die Tatsache, daß dieser *Nigger* so mit mir zu sprechen gewagt hatte.«[83]

Bezeichnenderweise benennt er die Eingeborenen auf den letzten Seiten seines in Polnisch abgefaßten Tagebuchs nurmehr mit der abwertenden englischen Vokabel »nigger«. Und gegen Ende seines Aufenthalts scheut er selbst davor nicht mehr zurück, sich selbst einzugestehen, wie verständlich ihm die brutalen Praktiken der Kolonialadministrationen inzwischen erscheinen:

»Die Eingeborenen gehen mir immer noch auf die Nerven, vor allem Ginger, den ich am liebsten totschlagen würde. Ich kann diese deutschen und belgischen Kolonialgreuel verstehen. – Ich bin auch entsetzt über Mrs. Bills Verhältnis mit einem hübschen *Nigger* aus Tukwa'ukwa (. . .).«[84]

Es wäre sicherlich unbillig, wollte man aus solchen verbalen Exzessen allgemeinere Rückschlüsse ziehen, ohne den Druck der Spannungssituation zu berücksichtigen, aus der heraus sie entstanden sind. Ist es doch Malinowskis Verdienst, daß er sich in seinem wissenschaftlichen Werk nicht zuletzt durch eine Kritik am Eurozentrismus der viktorianischen Ethnologie[85] um den Abbau eben der Vorurteile bemüht hat, die er hier in Reaktionsbildung selber produziert. Stellt man aber gerade diese Tatsache in Rechnung, so werden derartige Äußerungen um so aufschlußreicher für die Eigenart des inneren Prozesses, der sich im Verlauf seiner ethnographischen Tätigkeit vollzog.

Den illusionären Charakter der Hoffnungen, die er anfangs in sein Unternehmen gesetzt hatte, gesteht Malinowski implizit ein, wenn er es wenige Jahre später eine »romantische Flucht aus unserer genormten Kultur« nennt.[86] Wie seine Erwartungen an der Realität zerbrachen, dokumentieren seine Tagebuchaufzeichnungen. Eine selbstvergessene Teilhabe an den »Urformen des menschlichen Lebens, so wie sie noch in den abseits gelegenen Gesellschaften der Erde existieren«,[87] erweist sich als unmöglich. Die Aufgabe der eigenen kulturellen Identität[88] wäre noch der geringste Preis gewesen, den ihre Verwirklichung gefordert hätte.

Doch in dem Maße, in dem Malinowski die verinnerlichten Normen der eigenen Gesellschaft in Frage gestellt sieht, muß er dann doch wieder auf sie rekurrieren, um mit ihrer Hilfe erotische und aggressive Triebregungen, die durch die tägliche Konfrontation mit einem gesellschaftlich »Anderen« in ihm erzeugt werden, sei es durch ihre Projektion auf ein fernes Liebesobjekt, sei es durch die Wiederaufrichtung der Vorurteilsstruktur, bewältigen zu können. Gelingt es ihm dadurch auch, das gestörte Gleichgewicht zwischen seinen verschiedenen psychischen Instanzen[89] wieder ins rechte Lot zu bringen, so zahlt er für eine solchermaßen erzielte Bewahrung der Identität in einer Situation der Identitätsbedrohung den nicht minder hohen Preis transkultureller sozialer Beziehungslosigkeit:

»(...) ich sehe das Leben der Eingeborenen als etwas, das bar allen Interesses und aller Bedeutung ist, etwas, das mir so fern ist wie das Leben eines Hundes.«[90]

In seiner Neigung zur Hypochondrie und extremen Arbeitsschwierigkeiten, in depressiven Gemützuständen und wiederholten Klagen über das Gefühl innerer Leere lassen sich unschwer die Auswirkungen unablässiger Triebkonflikte und der durch sie verursachten Isolation erkennen:

»Moral: Das Allerwichtigste ist, Zustände der Lockerung oder inneren Leere zu eliminieren, wenn innere Quellen unzulänglich sind (...) Ich sollte klar und entschlossen sein, unabhängig von den gegenwärtigen Umständen meines Lebens, die mir an sich nichts bedeuten.«[91]

»Ich muß mich sammeln, wieder Tagebuch schreiben, ich muß mich vertiefen. Meine Gesundheit ist gut. Zeit, meine Kräfte zu sammeln und ich selbst zu sein.«[92]

Konnte sich Malinowski zur Verarbeitung der Außeneindrücke auf ein entlastendes System von Abwehrmechanismen stützen, dessen Entwicklung wir im Verlauf einer Analyse seiner Tagebucheintragungen nachzuvollziehen versucht haben, so wurde ihm auf der anderen Seite das eigene Innenleben zu einem Problem, auf dessen Erledigung er den größten Teil seiner Energien verwenden mußte.[93] Zumindest für Malinowski erwies sich damit die ethnographische

Situation vor allem anderen als ein Medium der Selbsterfahrung: Reidentifizierte er sich zum Ende seines Aufenthalts nicht nur mit den Normen, sondern selbst noch mit den abgeschmacktesten Vorurteilen der eigenen Gesellschaft, so zeugt dies von einer resignativen Einsicht in die Unmöglichkeit einer Flucht aus dem »mechanischen Gefängnis der Kultur«,[94] trug er doch dessen Kerkermeister in sich.

# III. Von der »Arm-Chair-Anthropology« zur »Participant Observation«

*Ein Exkurs in die Geschichte der Feldforschung*

Die Forderung, daß der Ethnologe am Leben des von ihm untersuchten Stammes eine Zeitlang teilgenommen haben müsse, um wissenschaftlich zuverlässige Daten liefern zu können, ist weit jünger als die Etablierung der Ethnologie als wissenschaftliche Disziplin. Noch James Frazer, der Inhaber des ersten Lehrstuhls für Sozialanthropologie an der Universität von Liverpool, der sich über Jahrzehnte hin ausschließlich mit dem Glauben und dem Brauchtum sogenannter primitiver Völkerschaften beschäftigt hatte, soll auf die Frage, ob er denn jemals persönlich Kontakte mit Eingeborenen aufgenommen hätte, geantwortet haben: »But Heaven forbid!«[95] Wie schon andere Ethnologen vor ihm bezog auch Frazer seine Informationen vor allem aus Reiseberichten oder aus den Bulletins der Kolonialverwaltungen und der Missionsgesellschaften; daneben verschickte er, sobald er sich vor ein schwieriger zu lösendes ethnologisches Problem gestellt sah, allerdings auch schon dezidierte Fragebögen an Missionare, die in der entsprechenden Region arbeiteten.[96]

Will man von den für die Entwicklung der Feldforschungstechnik zunächst folgenlosen Unternehmen von Einzelgängern, wie etwa dem des manisch getriebenen Reisenden und völkerkundlichen Trophäenjägers Adolf Bastian oder auch von den wissenschaftstheoretisch und -historisch bedeutsamen systematischen Untersuchungen, die Lewis H. Morgan bereits um die Mitte des 19. Jahrhunderts unter den Irokesen vornahm, zunächst einmal absehen,[97] so können die Feldforschungen, die Franz Boas ab 1886 an der amerikanischen Nord-West-Küste unternahm, und die von Haddon und Rivers planmäßig vorbereitete Forschungsexpedition zu den Inseln der Torres-Strait-Region als die Initialunternehmen der wissenschaftlichen Ethnographie angesehen werden.[98] Von den frühen Reisen völkerkundlich interessierter Laien unterschieden sich diese Expeditionen vor allem dadurch, daß hier erstmals akademisch ausgebildete Ethnologen mit der dezidierten Zielsetzung zu bestimmten »primitiven« Stämmen aufbrachen, Informationen über ihre Lebensformen, ihre soziale Organisation und ihre materielle Kultur zu erhalten. Allerdings waren die finanziellen Mittel, die ihnen hierbei zur Verfügung standen – Universitätsstipendien, Mäzenatenstiftungen oder Zuschüsse durch Zeitungen[99] – in der Regel mehr als begrenzt. Ständig unter finanziellem und zeitlichem Druck, waren diese frühen Ethnographen, wie Rosalie Wax bemerkte, vor allem darum bemüht, so viele Informationen so schnell wie nur möglich zu sammeln:

»Ihre Geldmittel waren knapp, sie hatten nur wenig Zeit und waren ständig in Eile. Infolgedessen beschränkten sie sich auf Übersichtsstudien, suchten und sammelten materielle Kulturgüter, die sie für wichtig oder aufschlußreich hielten, beobachteten die Zeremonien der Eingeborenen und befragten ihre einheimischen Informanten so gut sie eben konnten.«[100]

So unternahm Franz Boas zwischen 1886 und 1931 insgesamt 13 »field-trips« nach British-Columbia, konnte sich aber wegen der Beschränktheit seiner finanziellen Ressourcen nie länger als nur wenige Monate bei dem jeweils untersuchten Stamm aufhalten. Obwohl Boas – übrigens schon vor Malinowski – die Forderung aufstellte, daß Kenntnisse in der Sprache der Eingeborenen unabdingbare Voraussetzung für die Durchführung wissenschaftlicher Feldstudien wären,[101] war er aufgrund des begrenzten Zeitraumes, der ihm zur Verfügung stand, darauf angewiesen, möglichst schnell einen eingeborenen Informanten zu finden, der auch Englisch sprach und von dem er sich die Mythen und das Brauchtum seines Stammes zweisprachig in die Feder diktieren lassen konnte.

Stellten sich für Boas auch noch nicht diejenigen Probleme, wie sie aus dem Versuch des untersuchenden Forschers, die Lebensformen des untersuchten Stammes zu adaptieren, hervorgehen, so finden sich dennoch schon bei ihm – in seinen in Tagebuchform abgefaßten Briefen an seine Eltern und an seine Frau – heftige Klagen über die Strapazen der Feldarbeit, und zwar meist im Zusammenhang mit einer Schilderung des Widerstands oder des »schlechten Benehmmens« seiner Informanten. So heißt es z.B. in einem Brief vom 22. 11. 1894:

»Ich wollte, ich wäre endlich weg von hier. Mit George Hunt (Boas' wichtigster Kwakiutl–Informant – d.Vf.) auszukommen, ist mehr als schwierig (. . .). Er ist so denkfaul, und das macht die Sache so unerfreulich für mich. (. . .). Heute mittag verließ er mich unter irgendeinem Vorwand und kehrte erst viele Stunden später wieder zurück. Er weiß ganz genau, wie sehr ich von ihm abhängig bin. «[102]

Die von Boas erhobenen und von ihm selbst nur zum Teil realisierten Forderungen, daß der Ethnograph die Sprache der Eingeborenen zu beherrschen habe und an ihren täglichen Aktivitäten teilhaben solle, wurden zwar für die amerikanische kulturanthropologische Schule bedeutsam, als deren Begründer Boas gilt; auf die weitere Entwicklung der britischen Sozialanthropologie hatten sie zunächst jedoch kaum Einfluß.[103]

Was als das »Handicap« der Unternehmungen von Haddon und Rivers und von Boas bezeichnet werden kann, scheint für die gesamte und außerordentlich rege Feldforschungsaktivität zuzutreffen,[104] die sich, zum Teil in Orientierung am Vorbild der Cambridge-Torres-Strait-Expedition, unter den britischen Ethnologen um die Jahrhundertwende entwickelt hat: Zeitlich beschränkt und mit geringen finanziellen Mitteln ausgestattet, waren die Ethnographen vor allem auf die Zuverlässigkeit der Angaben ihrer eingeborenen Informanten angewiesen, die sich nur in Pidgin-English (und überdies auch darin nur mühsam[105]) auszudrücken vermochten, während die Ethnographen wiederum die Eingeborenensprache fast überhaupt nicht verstanden.

Bronislaw Malinowski kann für sich demgegenüber tatsächlich in Anspruch nehmen, die bis dahin üblichen Feldforschungstechniken wesentlich erweitert zu haben, indem er es nicht mehr dabei bewenden ließ, sich auf die Selbstdarstellung seiner Informanten zu verlassen, sondern indem er, seine Informationen in direkter Beobachtung sammelnd, sein Zelt in den Dörfern der Eingeborenen aufschlug und an ihrer täglichen Lebenspraxis teilhatte. Die Tatsache, daß sich Malinowski als erstem Ethnographen die Möglichkeit bot, eine Eingeborenengesellschaft gleichsam von »innen her« zu untersuchen, verdankte sich – wie noch zu zeigen sein wird – weit eher dem zufälligen Zusammentreffen verschiedener Umstände als einem planvoll gefaßten Beschluß. Malinowski verstand es allerdings, daraus seine eigene Heroenlegende zu fabrizieren. Die Einleitung zu *Argonauts of the Western Pacific*, in der er am Beispiel seiner Feldforschungstätigkeit auf Mailu und auf den Trobriand-Inseln allgemeine Regeln der »participant observation« zum ersten Mal entwickelt hat, gilt inzwischen als ein »locus classicus« der Ethnographie.

Die Notwendigkeit der vollständigen Integration des Forschers in das Alltagsleben des von ihm untersuchten Stammes erhebt Malinowski hier zur Doktrin: Zu ihrer Voraussetzung habe sie nicht nur die Beherrschung der Sprache der Eingeborenen, sondern darüber hinaus den planmäßigen Abbruch aller Kontakte des Feldforschers zu Menschen der eigenen Kultur. Die hierbei auftretenden Probleme charakterisiert Malinowski folgendermaßen:

»Da der Eingeborene nicht der natürliche Gesellschafter eines weißen Mannes ist, sehnt man sich selbstverständlich, nachdem man mehrere Stunden mit ihm gearbeitet hat (. . .), nach Umgang mit der eigenen Art. Wenn man sich aber in einem weitab gelegenen Dorf alleine aufhält, macht man eben einen einsamen Spaziergang von vielleicht einer Stunde und sucht dann bei der Rückkehr ganz selbstverständlich die Gesellschaft des Eingeborenen, diesmal aber als Linderung der Einsamkeit, so wie man jede andere Gemeinschaft wünscht. Aufgrund dieses natürlichen Umgangs lernt man ihn besser kennen und wird mit seinen Bräuchen und seinem Glauben weit besser vertraut, als wenn er ein bezahlter und oft genug langweilender Informant wäre.«[106]

Erst wenn der Feldforscher einerseits vollständig auf die Gesellschaft der Eingeborenen angewiesen bleibt und seine Anwesenheit andererseits von den Eingeborenen als so selbstverständlich betrachtet wird, daß selbst seine Attitüde, »in alles seine Nase (zu) stecken«,[107] niemand mehr als störend empfindet; erst wenn er an allen Ereignissen des Tages- und des Jahresablaufs, an der Arbeit, an der Muße, an Skandalen, Festen und Zeremonien teilzunehmen berechtigt ist, wird es ihm möglich sein, ein auf der Erfahrung ihrer Lebenspraxis basierendes, tatsachengetreues Bild ihrer Gesellschaft zu entwickeln und darzulegen. Die Prinzipien der »teilnehmenden Beobachtung«, die Malinowski im Anschluß an seine Feldforschungstätigkeit aufstellte und immer wieder mit Überzeugung vortrug, lesen sich in der Tat wie das »Manifest einer Revolution in der Anthropologie«, als die sie Jarvie[108] bezeichnet hat:

»Der Anthropologe muß seine bequeme Position im Liegestuhl auf der Veranda des Missionsgeländes, der Regierungsstation oder des Farmerbungalows aufgeben, wo er, mit Bleistift und Notizblock und manchmal mit einem Whisky-Soda bewaffnet, gewöhnt war, Berichte von Informanten zu sammeln, Geschichten niederzuschreiben und viele Seiten Papier mit Texten der Primitiven zu füllen. Er muß hinaus in die Dörfer gehen und den Eingeborenen bei der Arbeit in den Pflanzungen, am Strand und im Dschungel zusehen; er muß mit ihnen zu entfernten Sandbänken und zu fremden Stämmen fahren und sie beim Fischen, Handeln und bei zeremoniellen Übersee-Expeditionen beobachten. Die Information muß ihm gewürzt mit eigenen Beobachtungen über das Leben der Primitiven zukommen, und darf nicht tropfenweise aus widerwilligen Informanten herausgequetscht werden. Anthropologie im Freien ist (...) harte Arbeit, aber sie macht auch großen Spaß.«[109]

Richtet sich dieser Katalog von Anforderungen und Vorschriften auch in erster Linie gegen die bis dahin ausgeübten und später als »rocking-chair-anthropology« disqualifizierten Praktiken der Feldforschung, so enthält er darüber hinaus jedoch auch eine Botschaft, die aus den romantischen Untertönen der »Feld«-Beschreibung herauszuhören nicht weiter schwerfällt. Die Feldforschungstätigkeit stellt sich insoweit als ein verheißungsvoller Weg dar, Zugang zu Lebensformen zu finden, die, offenbar weniger entfremdet als die unseren, dadurch ausgezeichnet sind, daß sich die Menschen in ihnen im Einklang mit ihrer natürlichen Umgebung erfahren und an denen teilzuhaben nicht mehr als den Verzicht auf die Annehmlichkeiten der Zivilisation erfordert. Die Teilnahme in diesem Sinne allerdings ist das Privileg des Ethnologen. Denn im Unterschied zum »durchschnittlichen Mann der Praxis«, dem »Verwalter, Missionar oder Händler«,[110] sei es dieser, der allein aufgrund seiner Vorbildung in der Lage ist, sich über die tiefverwurzelten kulturellen Vorurteile hinwegzusetzen.

Der wissenschaftlichen Ausbildung käme mithin eine doppelte Funktion zu: in dem Maße nämlich, in dem sie die

Verhaltensstandards und Wertmaßstäbe der Kultur, der der Ethnograph zugehört, einer intellektuellen und schulmäßigen Relativierung vor aller Erfahrung unterzogen hat, in dem Maße ist sie die Bedingung der Möglichkeit zur »teilnehmenden Beobachtung« (participant observation); auf der anderen Seite ist sie in dem Maße, in dem der Ethnologe die Fähigkeit erwarb, sich den Gegenständen ebenso wie sich selbst gegenüber »objektiv« zu verhalten, die methodische, verhaltstechnische Trennungsschranke, die das Aufgehen des szientifisch geschulten Beobachters in die zu untersuchende Gesellschaft, die »anthropologische Konversion« (Moebus), verhindert. So sehr also die qua Relativierung der eigenen Standards erfolgte teilweise Aufgabe der kulturellen Identität des *teilnehmend* Beobachtenden Bedingung der vorurteilslosen Partizipation an der fremden Gesellschaft ist, so sehr dient sie umgekehrt, über spezifische erworbene Mechanismen, als Schutzschild der Identität des *beobachtend* Teilnehmenden.

Auf die realen Schwierigkeiten, denen sich der Ethnograph ausgesetzt sieht, wenn er das oberste Ziel der Anthropologie: »den Standpunkt des Eingeborenen, seinen Bezug zum Leben zu verstehen und sich *seine* Sicht *seiner* Welt vor Augen zu führen«[111] zu verwirklichen sucht, wurde bereits ausführlich eingegangen. Sie stellen in Malinowskis Feldtagebuch ein zentrales Thema dar. Daß Malinowski, im Unterschied zu seinen Vorgängern, bereit war, diese Schwierigkeiten auf sich zu nehmen, liegt nicht zuletzt in den historischen Umständen begründet, unter denen er seine Feldarbeit verrichtete.

Kurz vor dem Beginn des 1. Weltkrieges hatte sich Malinowski nach Australien begeben, um an einer Konferenz der »British Association for the Advancement of Science« teilzunehmen. 1884 in dem von der Donaumonarchie 1846 annektierten Teil Polens geboren, war er dem Papier nach

österreichischer Staatsbürger und sollte als Angehöriger
einer feindlichen ausländischen Staatsmacht bei Ausbruch
der Kriegshandlungen zunächst in Australien interniert werden. Nicht zuletzt durch persönliche Beziehungen gelang es
ihm jedoch, von der australischen Regierung nicht nur die
Genehmigung, sondern auch weitere finanzielle Mittel für
die Durchführung von Feldforschungsarbeiten in British-
New-Guinea zu erhalten. Durch den Krieg an seiner Rückkehr nach Europa gehindert, verbrachte er die Jahre zwischen 1914 und 1918 mit kurzen Unterbrechungen auf Mailu
und den Trobriand-Inseln.[112] Welche Schwierigkeiten sich
für Malinowski aus der Tatsache seiner österreichischen
Staatsbürgerschaft im gesellschaftlichen Umgang mit den
Verwaltungsbeamten, Händlern und Missionaren der englischen Kolonie ergaben, läßt sich seinen Tagebucheintragungen entnehmen.[113] Daß er politisch und gefühlsmäßig eher
mit den Alliierten sympathisierte,[114] änderte wenig an seiner
Position als Außenseiter. Zieht man diese Umstände in
Betracht, das katastrophale Geschehen in Europa,[115] den
nationalen Identitätskonflikt und das ihm von seiten der englischen Kolonialresidenten entgegengebrachte, durch seine
befremdliche Tätigkeit sicherlich eher noch verstärkte Mißtrauen, so erscheinen nicht nur die wenig schmeichelhaften
Worte, die er für sie findet, sondern auch sein Entschluß verständlich, auf die Gesellschaft der »Weißen« zu verzichten
und ihr das Leben unter den »Wilden« vorzuziehen. Die
Tagebucheintragungen dokumentieren allerdings, daß dieses Unternehmen zumindest partiell als gescheitert angesehen werden muß.

So wenig Malinowski von den Eingeborenen als einer der
ihren akzeptiert wurde und so wenig er selbst in der Lage
war, tiefverwurzelte Vorurteilsstrukturen abzubauen und
freundschaftliche Beziehungen über das bloße Arbeitsver-
hältnis hinaus einzugehen, so sehr war er alsbald dann doch

wieder gewillt, Zerstreuung in der Gesellschaft von Europäern zu suchen:

»Zusammenfassende Überlegungen: Seit Donnerstag bin ich in
einem Zustand äußerster Zerstreutheit. Ich muß dem unbedingt
Einhalt gebieten. Es ist bedingt durch zu heftigen und zu leiden-
schaftlichen Kontakt mit Menschen, durch eine Verbrüderung der
Seelen. Kein Zweifel, daß die Gegenwart eines intelligenten Bur-
schen mit Pariser Hintergrund für mich sehr wichtig und voller
Charme ist. Aber ich darf dies nicht zu meinem Hauptthema
machen. Wir können uns abends unterhalten, sollten aber tagsüber
schweigen (...) Ethnographische Fragen beschäftigen mich gar
nicht. Im Grunde lebe ich außerhalb Kiriwanas*, wenngleich mit
starkem Haß auf die *Niggers*.«[116]

Über die Desolatheit seiner doppelten Außenseitersitua-
tion tröstete er sich nicht selten mit der Hoffnung auf die
wissenschaftliche und die gesellschaftliche Position, die er
aufgrund der von ihm mit außerordentlicher Intensität ver-
richteten Feldarbeit bald in Europa einnehmen würde.[117]
Wollte man allerdings die Tatsache, daß es Malinowski
immerhin gelungen war, engere Kontakte als die meisten
seiner Vorgänger zu den untersuchten Stammesgesellschaf-
ten aufzunehmen, allein den besonderen historischen
Umständen vindizieren, so hätte man die aus den romantischen Untertönen seiner szientifischen Darstellung des Eingeborenenlebens herauszuhörende und in seinen freimüti-
gen Tagebucheintragungen sowie in späteren Selbstäußerungen[118] offen zutage tretende Tiefendimension seiner Motivationsstruktur nicht hinreichend berücksichtigt. Ob er all die
Schwierigkeiten, die die Verwirklichung seiner Intentionen
eingestandenermaßen zur Folge hatte, auf sich genommen
haben würde, wenn ihn nicht die äußeren Umstände dazu
gezwungen hätten, bleibt gleichwohl fraglich: und es bleibt

---

* Kiriwana = die bedeutendste Eingeborenensiedlung auf den Trobriand-
  Inseln.

schließlich auch zweifelhaft, ob er während seiner Feldforschungstätigkeit die Prinzipien der »participant observation« in allen ihren Punkten selbst hat realisieren können.

Die von Malinowski entwickelten Grundsätze der »teilnehmenden Beobachtung«, vielleicht aber auch ihre Formulierung auf der eingeschränkten Grundlage subjektiver Motivation im Rahmen eines abenteuerlich-romantische Seiten der Feldarbeit hervorkehrenden Kontextes, führten zu einer grundlegenden Veränderung der Feldforschungstechnik. Nicht ohne Genugtuung widmete Malinowski seine Monographie über das Sexualleben der Trobriander, die 1929 erschien, insbesondere denjenigen seiner Schüler und Kollegen, die, seinem Vorbild folgend, zu diesem Zeitpunkt in allen Teilen der Welt Feldforschungen durchführten:

»Wenn ich der Arbeit an den schwierigeren soziologischen Kapiteln dieses Buches gedenke, werde ich mich stets dankbar erinnern an die Namen Mrs. Robert Aitken (Miß Barbara Freire-Marecco), Dr. R.W. Firth (jetzt auf den Salomon-Inseln), Mr. E.E. Evans-Pritchard (jetzt bei den Azande), Miß Camilla Wedgewood (jetzt in Australien), Dr. Gordon Brown (jetzt in Tanganjika), Dr. Hortense Powdermaker (jetzt auf dem Weg nach Papua), Mr. I. Schapera (kürzlich in Süd-Afrika), Mr. T.J.A. Yates (kürzlich in Ägypten), Miß Audrey Richards (jetzt auf dem Wege nach Zentral-Afrika).«[119]

Aus der Wirksamkeit der von Malinowski verkündeten Botschaft allein läßt sich allerdings die Flut der Feldforschungsarbeiten, wie sie im Anschluß an ihn in der Mitte der zwanziger Jahre einsetzte, nicht erklären. Die Ursachen und Motivationen, die eine ganze Generation von Ethnologen dazu veranlaßten, die Annehmlichkeiten der Zivilisation gegen die Härten des »primitiven« Lebens und die Strapazen der Feldarbeit einzutauschen, müssen anderswo gesucht werden.

# IV. »Wie man Ethnograph wird«

Claude Lévi-Strauss kommt zweifellos das Verdienst zu, in der Form der biographischen Selbstreflexion die Parteinahme des Ethnographen gegen die eigene Gesellschaft eingehender als die meisten Ethnologen vor ihm thematisiert und in einem, wie auch immer unbestimmten, »Unbehagen in der Kultur« einen der wesentlichen Gründe der ethnographischen Tätigkeit aufgedeckt zu haben. Verschwiegen bestimmt jene »Option gegen die eigene Gesellschaft« indes auch die »Affinität der Methode und ihres privilegierten Gegenstands.«[120] Denn das Spezifische des von Lévi-Strauss entwickelten und der Theorie der »strukturalen Anthropologie« zugrunde gelegten Ansatzes besteht gerade darin, die kulturelle Selbstentfremdung des Anthropologen im Sinne einer Vervollkommnung der Methoden zur Untersuchung des Fremdkulturellen instrumentalisiert zu haben. Um die Originalität seines Ansatzes deutlicher herausarbeiten zu können, ist es nützlich, zunächst die konträren – und insofern exemplarischen – Positionen zu skizzieren, die Feldforscher wie Malinowski und Evans-Pritchard bezüglich des objektiven Spannungsverhältnisses des existentiellen Erkenntnisinteresses des Ethnographen und des theoretischen Erkenntnisinteresses des Ethnologen eingenommen haben.

Malinowski bekennt die durchaus subjektiven Erwartungen, die er anfangs in seine Tätigkeit als Feldforscher setzte und die dem Leidensdruck entsprangen, den ihm die eigene Gesellschaft verursachte, offen ein, wenn er den Wunsch, der Zivilisation zu entfliehen, eine seiner wesentlichen Motivationen nennt.[121] Andererseits war er dem Wissenschaftsbegriff seiner Zeit zu sehr verpflichtet, als daß es ihm ohne weiteres möglich gewesen wäre, die Rückwirkungen, die von einem projektionsbestimmten Verhalten des Ethnographen gegenüber dem Gegenstand seiner Untersuchungen, oder, allgemeiner formuliert, von den erkenntnisleitenden Interessen des Forschers auf die Art und Weise seiner Fragestellung, auf die Selektion und auf die Form der Verarbeitung seines Materials, ausgehen, zum Thema selbstkritischer Reflexion zu machen. In der positiven Gewißheit des aufklärerischen Effekts der Wissenschaft, vertrat er vielmehr die Ansicht, daß der akademisch ausgebildete Ethnograph im Gegensatz zum Laien über die notwendigen Mittel verfüge, um den aus der Besonderheit der Position, die er gegenüber dem Gegenstand seiner Forschung bezieht, resultierenden emotionalen Schwierigkeiten gewachsen zu sein. Die Wiedergabe bestimmter subjektiver Erfahrungen im Rahmen einer wissenschaftlichen Monographie rechtfertigt er dementsprechend mit dem Postulat, daß der Sozialwissenschaftler über die experimentellen Bedingungen, unter denen seine Forschungen stattfinden, ebenso wie der Naturwissenschaftler Rechenschaft abzulegen habe.[122] Im Bewußtsein der romantischen Faszination des Abenteuers, versuchte Malinowski zugleich die wissenschaftliche Seite seiner Tätigkeit von der abenteuerlichen Seite seiner Tätigkeit säuberlich zu trennen.

Evans-Pritchard, von Malinowski selbst als sein Schüler reklamiert, versucht in seinen späteren Schriften seinerseits den positivistischen Empirismus und die Orientierung der Ethnologie am Vorbild der exakten Wissenschaft mit dem Argument der unvermeidbaren Wechselseitigkeit der Subjekt-Objekt-Beziehung zu kritisieren.[123] Darüber verfällt er allerdings in das gegenteilige Extrem: Er glaubt in der Ethnographie vor allem anderen eine »Kunst« zu erkennen, in der nur diejenigen reüssieren, die über bestimmte »intuitive Kräfte verfügen«:

»Über theoretische Kenntnisse und die technische Ausbildung hinaus erfordert anthropologische Feldarbeit besondere Charaktereigenschaften und ein spezifisches Temperament. Einige können die Isolation nicht ertragen, zumal unter äußeren Bedingungen, die oft wenig komfortabel und ungesund sind. Andere sind zu solchen Grenzüberschreitungen weder intellektuell noch emotional in der Lage (...) Um diese große Leistung erfolgreich zu bewältigen, muß man sich selbst *rückhaltlos aufgeben* können, und man muß über *intuitive Kräfte* verfügen, wie sie nicht jeder besitzt.«[124]

Evans-Pritchard erklärt demzufolge die Ethnographie zu einer jener seltenen intellektuellen Berufungen, die den Einsatz der »totalen« Persönlichkeit des Beobachters[125] erfordern.

Mochte sich Malinowski auch in der Rolle eines »Gründungsheros«[126] der empirischen Ethnologie gefallen haben, so bezweifelte er doch nirgends, daß eine gediegene wissenschaftliche Vorbildung den Feldforscher hinreichend qualifizierte. Evans-Pritchard geht darüber noch einen Schritt hinaus. Wenn er dem Ethnographen die Fähigkeit abverlangt, außergewöhnliche körperliche, intellektuelle und intuitive Kräfte in seiner Person zu vereinen: »ein breitgefächertes anthropologisches Wissen genügt allein nicht; er muß darüber hinaus ein Gefühl für Form und Gestalt sowie auch eine gewisse genialische Begabung besitzen«[127] – so heroisiert er nicht nur sich selbst, sondern den Berufsstand des Ethnographen schlechthin. Mit dieser Replik nach dem Muster »auserwählt sind nur wenige« erscheint die Frage nach den persönlichen Motiven, die der Wahl des Ethnographenberufs zugrunde liegen, im allgemeinen suspendiert. Insgeheim klingt allerdings auch sie dort an, wo Evans-Pritchard fordert: »(. . .) man muß sich selbst rückhaltlos aufgeben können«. Neutralisierend heißt es denn auch im gleichen Zusammenhang: »Er ist nicht dazu da, um ihre Lebensweise zu ändern, sondern um von ihnen bescheiden zu lernen«, und weiter unten: »Er kommt zu ihnen als Schüler, und nicht als Lehrer.«[128]

Aus dem Katalog konstitutioneller Eigenschaften, die Evans-Pritchard dem Ethnographen abverlangt, fällt die Forderung, daß der Feldforscher, um wirklichen Zugang zu den Lebensformen und Lebensinhalten der untersuchten Gesellschaft zu finden, in der Lage sein müsse, sich »rückhaltlos aufzugeben«, deutlich heraus: Die Fähigkeit zur Selbstaufgabe kann weder eine Frage des Temperaments noch der besonderen Begabung sein. Von ihr als einer »existentiellen« Komponente in der Persönlichkeitsstruktur des Forschers zu reden, erscheint insofern gerechtfertigt, als sie sich nur erst im Zusammenhang mit seiner Lebensgeschichte als Resultat bestimmter persönlicher Erfahrungen herausbilden kann, – denn eines setzt sie vor allem anderen voraus: ein gebrochenes Verhältnis, wenn auch nicht notwendig zu seiner eigenen Person, so doch zumindest der Gesellschaft gegenüber, der er zugehört.

Malinowski konzedierte, daß in einem mit Erwartungsmotiven gekoppelten Fluchtwunsch einer der wichtigsten Antriebe für die Entscheidung des Forschers, das strapaziöse Leben »im Felde« der Zivilisation vorzuziehen, zu sehen ist, ohne dabei allerdings Rückschlüsse auf den Charakter und auf den Wert einer unter derartigen Bedingungen erfolgenden wissenschaftlichen Tätigkeit vorzunehmen. Die Einsicht, die demgegenüber Evans-Pritchard gewinnt und die doch eigentlich Zweifel an der unbedingten Wissenschaftlichkeit der Arbeit des Feldforschers hervorrufen sollte, die Einsicht nämlich, daß der Feldforscher (weit mehr als über irgendeine »genialische Begabung«) über die existentielle Fähigkeit zur Aufgabe des eigenen Selbst verfügen müsse und die auf jeden Fall subjektive Faktoren ins Spiel bringt, – sie versucht Evans-Pritchard dadurch zu neutralisieren, daß er die Ethnologie rundheraus zur »Kunst« deklariert.[129]

Die Originalität der Lévi-Strauss'schen Position gegenüber Malinowski und Evans-Pritchard besteht im Hinblick auf das Problem möglicher Rückwirkungen eines persönlich motivierten Erkenntnisinteresses darin, daß Lévi-Strauss zwischen den beiden Extremen einer reflexionslosen Wissenschaft auf der einen Seite und einer – in Anrechnung der Unausweisbarkeit positivistischer Objektivität – sich als Kunst verstehenden Ethnographie auf der anderen Seite zu balancieren versucht. Er erklärt die Unangepaßtheit des Forschers an die eigene Gesellschaft nämlich zur maßgeblichen Voraussetzung für den Erfolg seiner wissenschaftlichen Arbeit.

Lévi-Strauss hat in einem Aufsatz über Rousseau eindringlich versucht, dieses Problem auf der Ebene philosophischer Reflexion grundsätzlich zu behandeln. Rousseau habe sich, so Lévi-Strauss, aufgrund seiner Lebensumstände und seines Charakters der Gesellschaft seiner Zeit gegenüber immer in einer Außenseiterposition befunden, die der des Ethnographen im Felde durchaus vergleichbar sei. Dieser Tatsache aber sei es zu verdanken, daß Rousseau als erster in der Lage gewesen ist, die aus dieser Rolle sich ergebende typische Konfliktproblematik zu thematisieren. Zur Begründung der »Wissenschaft vom Menschen« habe die »rousseauistische Revolution« Wesentliches beigetragen und zugleich die »ethnologische Revolution« vorgebildet:

»Die rousseauistische Revolution aber, die die ethnologische Revolution präformiert und auslöst, besteht in der Zurückweisung erzwungener Identifikationen, sei es einer Kultur mit einer anderen oder eines Individuums als Angehörigen einer Kultur mit einer bestimmten sozialen Funktion, in die eben diese Kultur es hineinzwingen will.«[130]

Rousseaus Beispiel zeige darüber hinaus, daß mit der Zurückweisung aller im inneren gesellschaftlichen Zusammenhang von außen aufgezwungenen Identifikationen nur ein erster Schritt getan ist. Als unvermeidliche Folge ziehe sie nämlich auch das Infragestellen des Erkenntnissubjekts selber nach sich, indem und soweit es sich doch vor allem mittels dieser selben Rollen und sozialen Funktionen konstituiert habe. Erst mit diesem zweiten Schritt aber sei die maßgebliche Voraussetzung anthropologischen Forschens erfüllt:

»Denn um dahin zu gelangen, sich selbst in den anderen Menschen zu akzeptieren – ein Ziel, das die Ethnologie der Erkenntnis vom Menschen setzt – muß man zuerst sich selbst verweigern.«[131]

Übertragen auf die ethnographische Erfahrung bedeutet dies, daß sich der Beobachter

»(. . .) als sein eigenes Beobachtungsinstrument (begreift); es ist offensichtlich, daß er lernen muß, sich selbst zu erkennen, eine Einschätzung eines Selbst zu erlangen, das sich gegenüber dem Ich, das sich seiner bedient, als ein *Anderes* erweist. Diese Selbsteinschätzung wird ein integrierender Bestandteil der Beobachtung des Selbst Anderer. Jede ethnographische Laufbahn findet ihr Prinzip in geschriebenen oder unausgesprochenen Bekenntnissen.«[132]

Die Selbstentfremdung des Forschers erhebt Lévi-Strauss damit zum methodischen Prinzip. Den in der Situation der ethnographischen Erfahrung unvermeidlichen kulturellen Identitätskonflikt versucht er auf eine Art und Weise zu instrumentalisieren, die die Identität des Beobachters paradoxerweise gerade dadurch zu erhalten sucht, daß sie ihn selber zu einem zweiten Gegenstand der Beobachtung macht. Einsetzen aber könne ein solcher doppelter Beobachtungsprozeß nur unter der Voraussetzung, daß dem Forscher bereits innerhalb der eigenen Kultur bestimmte Erfahrungen zum Anlaß haben werden können, deren Normen in Frage zu stellen und sich den ihm aufgezwungenen Identifikationen zu verweigern:

> »Die Beweggründe, die uns die Ethnologie als Beruf wählen lassen, hängen eng damit zusammen, wie wir uns unserer eigenen Gesellschaft gegenüber verhalten. In der Lebensgeschichte der meisten von uns muß irgendwann einmal ein Ereignis eingetreten sein, das uns der Zivilisation überdrüssig werden ließ, in die wir hineingeboren worden sind.« [133]

Der Satz, daß jede ethnographische Laufbahn ihr Prinzip in geschriebenen oder unausgesprochenen Bekenntnissen finden müsse, verweist ebenso wie die Charakterisierung der Wahl des Ethnographenberufs als einer existentiellen Entscheidung gegen die eigene Kultur, zurück zum Ausgangspunkt unserer Diskussion. Lévi-Strauss hat seine persönlichen »Bekenntnisse« zu Papier gebracht: In *Tristes Tropiques* versucht er die Beweggründe darzustellen, die ihn dazu veranlaßten, der eigenen Gesellschaft den Rücken zu kehren.

Es bedeutet nicht mehr und nicht weniger, als den von ihm selbst vorgezeichneten Weg einzuschlagen, wenn im folgenden zunächst diese persönlichen Motivationen und der Erfahrungszusammenhang, der sich in ihnen ausdrückt, analysiert werden, um anschließend der Frage nachzugehen, ob die Ursachen für das Fehlschlagen seines Unternehmens nicht darin zu suchen sind, daß er sich im Medium der ethnographischen Erfahrung – worauf auch die bisher untersuchten Selbstzeugnisse anderer Ethnologen hinweisen[134] – gerade von dem nicht zu befreien vermochte, wovor fliehen zu können er gehofft hatte: den ihm von der eigenen Kultur aufgezwungenen Identifikationen und Konditionierungen.

Claude Lévi-Strauss hat erst relativ spät zur Ethnologie gefunden.

Weniger aus einer wirklichen Neigung als aus dem »Widerwillen« heraus, den er gegen alle anderen Studiengebiete empfand, habe er sich nach seinem Abitur zuerst für die Philosophie entschieden, heißt es in »Comment on devient ethnographe«[135] – einem der Einleitungskapitel von *Tristes Tropiques*, in dem Lévi-Strauss die verschiedenen Stadien seines intellektuellen Werdegangs darstellt. Als er um 1928 an der Sorbonne zu studieren begann, habe man – so begründet er diese Wahl – die Erstsemester nach ihren verschiedenen Fakultäten nämlich gleichsam in zwei Gattungen unterteilen können: die Studenten der Medizin und des Rechts auf der einen, die der Natur- und Geisteswissenschaften auf der anderen Seite. Während sich die ersteren nicht genug beeilen konnten, in der gesellschaftlichen Hierarchie die ihnen zukommende Position einzunehmen, drückte sich in der Entscheidung für eine wie auch immer ungewisse Gelehrtenlaufbahn in einem geistes- oder naturwissenschaftlichen Fach eine grundsätzliche Unangepaßtheit des einzelnen an die »Anforderungen der Gruppe« aus: In der Beschäftigung mit dem zeitlosen geistigen Patrimonium der Kultur hätten diese Studenten eine Zuflucht und eine Mission zugleich gesucht.[136]

Die vagen Erwartungen, die er in die Philosophie gesetzt hatte, sollten sich, so fährt er fort, jedoch nicht erfüllen. Hatte er sich von einer philosophischen Ausbildung anfangs die Erkenntnis irgendwelcher »grundlegenden Wahrheiten« erhofft, so erwarb er sich in ihrem Verlauf lediglich eine gewisse Kunstfertigkeit in der Handhabung der intellektuellen Werkzeuge:

»Dort habe ich zu lernen begonnen, daß sich jedes Problem, sei es ernst oder unbedeutend, mittels Anwendung einer stets gleichen

Methode aus der Welt schaffen läßt, nämlich der Methode, zwei herkömmliche Auffassungen des Problems einander gegenüberzustellen; die erste durch die Beweisführung des gesunden Menschenverstandes einzuführen, diese dann mittels der zweiten zu Fall zu bringen, und schließlich beide dank einer dritten abzuschmettern, die den gleichermaßen einseitigen Charakter der beiden anderen enthüllt (...) Mit dieser Methode lassen sich nicht nur alle Türen öffnen, sondern sie verleitet auch dazu, in der Fülle der nachdenkenswerten Themen *nur eine einzige, sich stets gleiche Form* wahrzunehmen (...).«[137]

Fünf Jahre philosophischen Unterrichts an der Sorbonne hätten sich, so resümiert Lévi-Strauss daher den letztendlichen Erfolg seines Philosophiestudiums, auf das »Erlernen dieser Gymnastik« reduziert, die vielleicht »die Intelligenz trainierte«, aber doch zugleich »den Geist austrocknen ließ«. Denn in demselben Maß, in dem diese kunstvollen logischen Konstruktionen sich verselbständigten und zu rein verbalen Übungen verkamen, entzog sich der Bezugsgegenstand der Reflexion: »Das Know-how ersetzte die Liebe zur Wahrheit.«[138] So mußte er nach Beendigung seines Studiums feststellen, daß ihm kaum Einsichten hatten zuteil werden können, die wesentlich über die »kruden Überzeugungen« seines fünfzehnten Lebensjahres hinausgingen. Sein wachsender »Ekel« gegenüber dieser Form des Philosophierens aber, der ihn schließlich nach der Ethnographie »wie nach einem Rettungsanker« greifen ließ, wurde ihm vollends bewußt, als er nach seinem Staatsexamen in französischen Provinzgymnasien selber Philosophieunterricht zu geben hatte:

»Nachdem ich am Gymnasium von Mont-de-Marsan ein glückliches Jahr damit zugebracht hatte, meine Vorlesungen auszuarbeiten und gleichzeitig zu unterrichten, wurde mir zu Beginn des folgenden Schuljahres (...) mit Entsetzen klar, daß sich der Rest meines Lebens darin erschöpfen würde, es zu wiederholen. Denn mein Geist hat die Besonderheit, die zweifellos eine Schwäche ist, daß es ihm schwerfällt, *sich zweimal auf denselben Gegenstand zu konzentrie-ren*. (. . .) ich wäre außerstande, meinen Unterricht zu halten, wenn ich mich nicht damit beschäftigte, jedes Jahr eine neue Vorlesung auszuarbeiten. Diese Unfähigkeit erwies sich als noch störender, sobald ich mich in der Rolle des Prüfers befand: wenn ich auf gut Glück die Prüfungsfragen herauszog, wußte ich nicht einmal mehr, welche Antworten mir die Kandidaten hätten geben müs-sen. (. . .) Es war, *als würden sich die Themen allein deshalb in Nichts auflösen, weil ich einmal über sie nachgedacht hatte.*«[139]

Diese hier nicht ohne Grund so ausführlich wiedergege-bene Passage enthält das, sei es ungewollte, sei es absichtli-che, Eingeständnis, wie sehr seine eigene Denkweise derje-nigen Form philosophischer Reflexion gleicht, die er doch selbst so heftig kritisiert hatte: eben jener Reflexion nämlich, deren »schlechte« Methode den Gegenständen deshalb nicht gerecht werden kann, weil sie gerade darin besteht, unbe-kümmert um qualitative Differenzen unterschiedlichste Inhalte in ein und dasselbe Schema zu pressen und ihnen damit den Stempel steriler Identität aufzuprägen.[140] Gleich-wohl nennt Lévi-Strauss die Eigentümlichkeit eines Den-kens, das dazu gezwungen scheint, sich fortgesetzt neuen Objekten zuzuwenden, weil sich das Interesse am jeweils einzelnen Gegenstand nur allzu schnell erschöpft, einen sei-ner spezifischen Charakterzüge. Bemängelt er auch diese Tendenz zur Dissoziation als »Schwäche«, so vermutet er in ihr doch andererseits eine positive Affinität zur Struktur der Zivilisationen, die die Ethnographie untersucht, und erklärt sie damit kurzweg zu dem unbewußten Motiv, das für seine Zuwendung zur Ethnographie ausschlaggebend gewesen sei:

»Heute frage ich mich manchmal, ob nicht die Ethnographie, ohne daß ich es merkte, mich gerufen hat, weil zwischen den Kul-turen, die sie untersucht, und meinem eigenen Denken eine struk-turelle Affinität besteht. Ich tauge nicht dazu, sittsam ein Feld zu bestellen, dessen Ernte ich Jahr für Jahr würde einbringen können;

ich habe einen neolithischen Verstand. Gleich dem Buschfeuer setzt er zuweilen unerforschte Gebiete in Brand, die er vielleicht befruchtet, um ein paar Ernten einzuholen, und läßt ein verödetes Land hinter sich.«[141]

Nicht nur aufgrund dieser vermeintlichen Identität der Grundzüge seines Denkens mit Zügen neolithischer Kulturen, sondern auch angesichts der praktischen Unerschöpflichkeit des Materials, »das die Vielfalt der Sitten, Institutionen und Bräuche liefert«, die jenen »rastlosen und zerstörerischen Drang« schließlich beruhigte, habe es die Ethnographie vermocht, schreibt Lévi-Strauss, »meinen Charakter mit meinem Leben zu versöhnen«.[142] Die Lektüre des ersten ethnographischen Werkes, mit dem er sich eingehender befaßte: Lowies *Primitive Society*, sei ihm daher wie eine Offenbarung erschienen:

> »Mein Geist, nach jenem Schwitzen im geschlossenen Raum, auf das die Praxis der philosophischen Reflexion ihn beschränkt hatte, fühlte sich, an die frische Luft geführt, von einem neuen Wind erfrischt. Gleich einem Stadtbewohner, den es in die Berge verschlagen hat, berauschte ich mich am Raum, während mein geblendetes Auge den Reichtum und die Wahrheit der Dinge ermaß.«[143]

Die persönlichen Motivationen, die ihn zur Ethnographie führten, auf einer eher abstrakten Ebene abhandelnd, behauptet Lévi-Strauss also, sich aus einer Protesthaltung heraus für ein Studium der Philosophie entschieden zu haben, das ihm allerdings nicht geben konnte, was er sich erwartet hatte. Sehr bald schon mußte er sich im »Schwitzkasten« einer Reflexion eingeschlossen finden, die in einem solchen Maße zum Selbstzweck geworden war, daß sich ihr schließlich die Gegenstände selbst entzogen.

Die Oberflächlichkeit, die Unrast und die Gewaltsamkeit, die Lévi-Strauss als Eigentümlichkeiten seines eigenen Denkens bezeichnet, erscheinen uns hingegen als der von ihm kritisierten Tendenz in der Philosophie seiner Zeit eng verwandt. Wenn sich in einer – soweit man gewillt ist, Lévi-Strauss' Kritik in diesem Punkt unbesehen zu übernehmen – im philosophischen Lehrbetrieb anscheinend allgemeinverbindlich gewordenen verbalen Regression und im individuellen Symptom der Sammelleidenschaft[144] dasselbe Unvermögen zur Konzentration auf den jeweils besonderen Gegenstand ausdrückt, so wäre vor allem nach dem beiden Reaktionsbildungen gleichermaßen zugrundeliegenden Erfahrungszusammenhang zu fragen.

In »Über einige Motive bei Baudelaire« hat Walter Benjamin versucht, den historischen Bedingungsgründen für die »veränderte Struktur der Erfahrung« in der »Epoche der großen Industrie« nachzugehen.[145]

Als Indiz für den Verlust derjenigen Form von Erfahrung, die, »eine Sache der Tradition im kulturellen wie im privaten Leben«, sich weniger aus »einzelnen, in der Erinnerung fixierten Gegebenheiten (bildet), denn aus gehäuften, oft nicht bewußten Daten, die im Gedächtnis zusammenfließen«,[146] dient Benjamin nicht zuletzt das verzweifelte Bemühen der Lebensphilosophie (deren Vertreter zur Zeit von Lévi-Strauss' Studium die Katheder beherrschten[147]), »(...) der ›wahren Erfahrung‹ im Gegensatz zu einer Erfahrung sich zu bemächtigen, welche sich im genormten, denaturierten Dasein der zivilisierten Massen niederschlägt«[148] – eine Rubrik, unter die sich Lévi-Strauss' Flucht in die Ethnographie nicht weniger gut subsumieren ließe. Vielleicht läßt sich in der von Benjamin in Ansätzen entwickelten »Phänomenologie der Erfahrungslosigkeit« (Enderwitz) eine Antwort auf die oben gestellte Frage finden.

Den durchschlagenden Erfolg der Lyrik Baudelaires in einer Zeit, in der die Bedingungen für die Aufnahme lyrischer Dichtungen zunehmend ungünstiger wurden, wählt Benjamin als Ausgangspunkt seiner Untersuchung. Er erklärt Baudelaires Erfolg damit, daß Baudelaire nicht jene dem Publikum nicht mehr zugängliche traditionelle Form von Erfahrung, vielmehr die ihm und dem Publikum fortwährend zustoßende »Verhinderung von Erfahrung« dort thematisiert und zugleich einkalkuliert hat, wo er, die bloße »Sensation« in den Mittelpunkt seiner Dichtung stellend, die reduzierte »Willenskraft« seiner Leser und ihr in Zerfall begriffenes »Konzentrationsvermögen« von vornherein in Rechnung zieht.[149]

In Anlehnung an Freuds metapsychologische Theorie versucht Benjamin, dessen Argumentation darauf hinausläuft, nicht nur die Veränderung der Erfahrungsstruktur, sondern die Verkümmerung von Erfahrung überhaupt als für die ›Moderne‹ charakteristisch zu beschreiben, zunächst die Bedingungsmöglichkeiten der »Verhinderung von Erfahrung« darzustellen. Freud hat in *Jenseits des Lustprinzips*[150] ein Modell der psychischen Struktur entwickelt, das auf einer näheren Bestimmung des Verhältnisses des Wahrnehmungs-Bewußtseins-Systems zum Gedächtnis, resp. zur Erinnerung,[151] aufbaut. Dieses Verhältnis wird als ein antagonistisches aufgefaßt. Freud geht dabei von der in der psychoanalytischen Praxis gewonnenen Tatsache aus, daß »Erinnerungsreste (...) oft am stärksten und haltbarsten (sind), wenn der sie zurücklassende Vorgang niemals zum Bewußtsein gekommen ist«.[152] Er zieht daraus die Schlußfolgerung, daß das Bewußtsein »an Stelle der Erinnerungsspur« entstanden sei und »durch die Besonderheit ausgezeichnet (wäre), daß der Erregungsvorgang in ihm nicht wie in allen anderen Systemen eine dauernde Veränderung seiner Elemente hinterläßt, sondern gleichsam im Phänomen des Bewußtwerdens verpufft«.[153]

»›Dauerspuren als Grundlage des Gedächtnisses‹ zu thesaurieren«, so kommentiert Benjamin, »ist nach Freud anderen Systemen vorbehalten, die vom Bewußtsein verschieden zu denken sind. Nach Freud nähme das Bewußtsein als solches überhaupt keine Gedächtnisspuren auf. Dagegen hätte es eine andere Funktion, die von Bedeutung ist. Es hätte als Reizschutz aufzutreten.«[154] Aufgrund seiner »anorganischen Struktur«[155] könne das W-Bw-System die Aufgabe erfüllen, den als mit einem eigenen, in sich abgestimmten Energiehaushalt vorgestellten »lebendigen Organismus« vor dem »zerstörenden Einfluß der allzu großen, draußen arbeitenden Energien zu bewahren«, die, in Form von Schocks auf ihn einwirkend, auf eine »Durchbrechung des Reizschutzes« abzielen.[156]

Eine Situation aber, in der das Individuum sich dazu gezwungen sieht, alle ihm zur Verfügung stehenden Kräfte gegen eine drohende Reizüberflutung zu mobilisieren, werde in demselben Maße, in dem das Bewußtsein, gänzlich in »Chokabwehr« aufgehend, die kontinuierliche Bildung von Erinnerungsspuren verhindert – in demselben Maße also, in dem Reizaufnahme durch den Reizschutz liquidiert wird – tendenziell identisch mit Erfahrungslosigkeit.

»Je größer der Anteil des Chokmoments an den einzelnen Eindrücken ist«, so resümiert Benjamin, »je unablässiger das Bewußtsein im Interesse des Reizschutzes auf dem Plan sein muß, desto weniger gehen sie in die Erfahrung ein; desto eher erfüllen sie den Begriff des Erlebnisses.«[157] Es sei die »eigentümliche Leistung der Chokabwehr (...), dem Vorfall *auf Kosten der Integrität seines Inhalts* eine exakte Zeitstelle im Bewußtsein anzuweisen«,[158] mithin also seine unmittelbare Einverleibung in die »Registratur der bewußten Erinnerung«,[159] die dem kontinuierlichen Erfahrungszusammenhang den Garaus macht.

Unter den Bedingungen der sich fortentwickelnden kapitalistischen Produktionsweise aber, so Benjamins These, sei »das Chokerlebnis zur Norm geworden«.[160]

Neben den privatistischen Versuchen Bergsons, des maßgeblichen Repräsentanten der französischen Philosophie der Jahrhundertwende, in der »Hinwendung auf die schauende Vergegenwärtigung des Lebensstroms«[161] noch einmal einen Begriff von Erfahrung zu entfalten, der sich als unabhängig von den herrschenden Verhältnissen erweisen könnte, liefert ihm das »ausweglos private« Unternehmen Marcel Prousts, ›à la recherche du temps perdu‹, »die Erfahrung, wie Bergson sie sich denkt, unter den heutigen Bedingungen auf synthetischem Weg herzustellen«,[162] einen weiteren Anhaltspunkt für eine tiefgreifende Deformation des Apperzeptionsvermögens, die er zu der umwälzenden Transformation gesellschaftlicher Verkehrs- und Lebensformen in Beziehung setzt, wie sie die Industrialisierung im kapitalistischen Frankreich seit Mitte des 19. Jahrhunderts bewirkte. Baudelaire aber gilt ihm als der Dichter, der noch »voll ermessen konnte, was der Zusammenbruch eigentlich bedeutete, dessen er, als ein Moderner, Zeuge war«.[163]

Die unablässige Bereitschaft zur Schockabwehr – den Bedingungsgrund einer verkümmerten Erfahrung – habe Baudelaire vor allem im Kontakt mit den großstädtischen Massen verspürt: »Als verborgene Figur (ist die Großstadtmenge) einer Reihe seiner Dichtungen einbeschrieben.«[164] Im Bilde des Fechters, der, zu ständiger Geistesgegenwart gezwungen, die Stöße ebenso unmittelbar pariert, wie er sie empfängt, hat sich Baudelaire »als Subjekt der Chokerfahrung (...) selbst porträtiert«.[165]

Den Baudelaireschen Fechter nimmt Benjamin als Paradigma des »reflektorischen Charakters«,[166] dessen Realsubstrat er in der Produktionssphäre sucht: »Dem Chokerlebnis, das der Passant in der Menge hat, entspricht das ›Erlebnis‹ des Arbeiters an der Maschinerie.«[167] Der »reflektorische Mechanismus, den die Maschine am Arbeiter in Bewegung setzte« und den Baudelaire am Beispiel des Flaneurs wie am Beispiel des Müßiggängers am Spieltisch »wie in einem Spiegel« studierte,[168] erweist sich nach Benjamin als in letzter Instanz durch die Unterwerfung des Arbeiters unter das Diktat der Maschine, wie sie erst in der Epoche der großen Industrie »greifbare Wirklichkeit« geworden ist, bestimmt.[169] Den Ablauf dieses Transformationsprozesses, an dessen Ende sich der Arbeiter dem »toten Mechanismus« der Maschinerie »als lebendige(s) Anhängsel einverleibt«[170] findet, hat Karl Marx im *Kapital* beschrieben. Auf ihn beruft sich Benjamin, wenn er darstellt, wie die »Dressur des Arbeiters« durch die Maschine in demselben Maß, in dem sie ständige Bereitschaft zur Schockabwehr voraussetzt, »seine Arbeit gegen Erfahrung abdichtet«.[171]

Benjamin verfolgt, wie sich die gleiche »chokförmige Wahrnehmung«, die gleiche »Abdichtung gegen Erfahrung«, mithin derselbe »reflektorische Mechanismus« auf den verschiedensten Ebenen wiederfindet: »Ereignisse gegen den Bereich abzudichten, der die Erfahrung des Lesers betreffen könnte«, nennt er das geheime Organisationsprinzip der journalistischen Information, wie es sich in ihren Grundsätzen der »Neuigkeit, Kürze, Verständlichkeit und vor allem Zusammenhanglosigkeit der Nachrichten untereinander« ausdrückt.[172] Selbst in den »Wackeltöpfen und verwandten Amüsements« des Lunaparks[173] glaubt er eine »Kostprobe der Dressur, der der ungelernte Arbeiter in der Fabrik unterworfen wird«, erkennen zu können. Dem Erlebnis des Straßenverkehrs, der das »menschliche Sensorium einem Training komplexer Art unterwarf«, korreliert er das spezifische Rezeptionsverhalten des Kinobesuchers:

»Es kam der Tag, da einem neuen und dringlichen Reizbedürfnis der Film entsprach. Im Film kommt die chokförmige Wahrnehmung als formales Prinzip zur Geltung. Was am Fließband den Rhythmus der Produktion bestimmt, liegt beim Film der Rezeption zugrunde.«[174]

## Lévi-Strauss und das »Unbehagen in der Kultur« (II)

Es ist hier nicht der Ort, Benjamins Versuch, Verkümmerung von Erfahrung als kollektives Krankheitssyndrom der kapitalistischen Industriegesellschaft zu erklären, einer eingehenden Kritik zu unterziehen.[175] Seine im Rekurs auf Freuds Modell der psychischen Instanzen gewonnene Theorie der Deformation des Wahrnehmungsvermögens unter den Bedingungen unmittelbarer Schockabwehr, die sich einerseits in einem gesteigerten Bedürfnis nach immer größeren Reizquantitäten, andererseits aber in der Langeweile, dem Äquivalent des »reflektorischen Verhaltens«, das dem »Interesse und der Aufnahmefähigkeit den Garaus macht«,[176] äußert, kann uns indessen als Ausgangshypothese zur Weiterentwicklung unserer Fragestellung dienen.

Langeweile und ein unbefriedbares Reizbedürfnis – nach Benjamin die manifesten Äußerungen einer erst in der kapitalistischen Industriegesellschaft dominierend gewordenen Form der Erfahrung – hat auch Lévi-Strauss als charakteristisch für die gegenwärtige Gesellschaft, zugleich aber auch als Wesensmerkmal der europäischen Kultur schlechthin beschrieben. Im kolonialen Expansionsdrang des frühen 16. Jahrhunderts und im modernen Exotismus vermutet er – unbekümmert um alle differierenden historischen Bestimmungen – ein und dieselbe Triebkraft am Werke:

»Einst setzte man in Indien oder Amerika sein Leben aufs Spiel, um Güter mit nach Hause zu bringen, die uns heute lächerlich vorkommen: bois de braise (...), roten Farbstoff oder Pfeffer, auf den man zur Zeit Heinrichs IV. so versessen war, daß Pfefferkörner zum Knabbern an seinem Hof in Pralinenschachteln serviert wurden. Diese neuen Eindrücke, die Geruch und Geschmack erschütterten, jene freudige Wärme, auf die das Auge traf, jenes köstliche Prickeln auf der Zunge fügten dem Sinnenregister einer Zivilisation, die sich ihrer Fadheit nicht bewußt war, eine neue Dimension hinzu. Können wir also, in einer doppelten Umkehrung, sagen, daß unsere modernen Marco Polos aus denselben Ländern – diesmal in Form von Fotografien, Büchern und Berichten – die moralischen Gewürze mitbringen, *nach denen unsere Gesellschaft ein um so stärkeres Bedürfnis empfindet, als sie in der Langeweile versinkt?*«[177]

Die eigentliche Wurzel seines »Unbehagens in der Kultur« – vielleicht ist sie im Leiden an eben der Situation zu suchen, deren Phänomenologie Benjamin am Beispiel Baudelaires zu skizzieren versucht hat. Symbolhaften Ausdruck hat dieses Leiden vor allem in zwei Episoden gefunden, die Lévi-Strauss im ersten Kapitel von *Tristes Tropiques* wiedergegeben hat.

Die erste Episode schildert eine Begebenheit aus seiner Studienzeit. Lévi-Strauss erzählt hier, wie sich ihm eines Tages die Gelegenheit zu einer Unterhaltung mit einer jener zwangskranken Patientinnen bot, die in psychologischen Vorlesungen als »Demonstrationsobjekte« vorgeführt wurden.

»Keine Kontaktaufnahme mit wilden Indianern hat mich mehr eingeschüchtert als jener Vormittag, den ich mit einer in Wolljacken gehüllten alten Dame zubrachte, die sich mit einem verfaulten Hering in einem Eisblock verglich: äußerlich unversehrt, jedoch ständig in Gefahr, sich aufzulösen, sobald die schützende Hülle schmelzen würde.«[178]

Nicht zufällig konfrontiert Lévi-Strauss diese Begegnung und den nachhaltigen Eindruck, den sie auf ihn machte, mit seinen Erlebnissen im brasilianischen Urwald. Die Zwangsvorstellung dieser »alten Dame«, die sich von einem Panzer aus Eis umgeben wähnt, der ihr Schutz und Gefängnis zugleich ist und dessen Zerstörung dem endgültigen Zerfall eines längst in Auflösung begriffenen Subjektes gleichkäme, steht symbolisch für ein Allgemeineres ein.[179] Baudelaires Figur des Fechters findet damit ein Gegenstück: das verzweifelte Bemühen, die bedrohte Integrität des Selbst um den Preis der Isolation zu bewahren, wie es sich im Bild der eisgepanzerten alten Dame ausdrückt, stellt zum Verhalten des »Mannes der Menge«, des Fechters, der, fasziniert von einer Situation, die ihn zur rückhaltlosen Geistesgegenwart zwingt, in sie »wie in ein Reservoir elektrischer Energie eintaucht«[180] und sich in einem unablässigen Parieren und Austeilen von Stößen selbst entäußert, die hilflose Alternative dar.

Lévi-Strauss ist der Faszination der Menge nirgends erlegen; andere Passagen zeigen deutlich, wie bedrohlich er selbst das »Erlebnis der Menge« immer wieder empfunden hat.[181] Phobische Reaktionsbildungen, wie sie eine Situation des Eingesperrtseins vieler Menschen auf engstem Raum erzeugt, stehen im Mittelpunkt der zweiten Episode, auf die hier Bezug genommen werden soll. Sie schildert die Umstände seiner Flucht aus dem von Nazi-Truppen besetzten Frankreich des Jahres 1941.

Lévi-Strauss war es nach vielen vergeblichen Bemühungen gelungen, auf der »Capitaine Paul-Lemerle«, einem kleinen und hoffnungslos überfüllten Flüchtlingsdampfer mit dem Bestimmungsziel Martinique, einen Platz zu erhalten. Dieses Schiff, das nur über zwei Passagierkabinen verfügte und auf dem 350 Flüchtlinge zum großen Teil zusammengepfercht in Fracht räumen ohne Luft und ohne Licht[182] mehrere Wochen unter erbärmlichsten Verhältnissen verbringen mußten, erscheint ihm im Nachhinein wie ein »Symbol zukünftiger Zeiten«.[183] Die Schilderung dieser

Überfahrt schließt unmittelbar an die einer anderen Schiffs-
reise an, die er sieben Jahre zuvor, damals ein junger Wissenschaftler auf dem Weg nach Brasilien, unternommen hatte.
Zu jener Zeit habe er es noch nicht ermessen können, so
schreibt er, welch »königliches Privileg« es bedeutete, einen
Raum, der Hunderten von Passagieren Platz geboten hätte,
mit nur wenigen anderen teilen zu müssen:

»(. . .) dieser Raum, fast unbegrenzt geworden durch die Abwesenheit des Anderen, war uns gleichsam ein kleines Reich.«[184]

Die Reise auf der »Capitaine Paul-Lemerle« symbolisiert
so einerseits eine Welt, »die zu klein zu werden beginnt für
die Menschen, die sie bewohnen«;[185] als das Bild einer von
außen aufgezwungenen Flucht aus gleichermaßen unerträg-
lich gewordenen Verhältnissen rechtfertigt sie andererseits
seinen Jahre zuvor freiwillig gefaßten Entschluß, Europa zu
verlassen.[186]

# V. Ethnographie im »Medium der Erfahrungslosigkeit«

Ausgehend von Lévi-Strauss' Behauptung, es ließen sich wahrscheinlich in der Lebensgeschichte eines jeden Ethnologen bestimmte Faktoren finden, die zeigen, daß er nicht oder nur schlecht an die Gesellschaft angepaßt war, in die er hineingeboren wurde,[187] haben wir gefragt, welche persönlichen Erfahrungen seiner eigenen Entscheidung, die Ethnographie als Beruf zu wählen, zugrunde gelegen haben könnten. Zum Teil in Form autobiographischer Episoden, zum Teil in Form einer bisweilen platitüdenhaften Zivilisationskritik vorgetragen, erweisen sich die entsprechenden Auskünfte allerdings als ziemlich vage. Bald erfahren wir von seiner Enttäuschung an den Scheinoffenbarungen einer zum verbalen Selbstzweck verkommenen Philosophie, bald von den Ängsten, die das Leben in einer »Massengesellschaft« erzeugt; bald war die Rede von einer in Langeweile versinkenden Gesellschaft, bald wurden wir mit den Opfern der kannibalischen »Gier ihrer Geschichte« konfrontiert. Diese Äußerungen versuchten wir als Ausdruck eben jenes Erfahrungszusammenhanges zu werten, den Benjamin als den in der »Epoche der großen Industrie« zum dominierend gewordenen beschrieben hat.

Einen Hinweis darauf, wie weitgehend der »reflektorische Mechanismus« bereits die Strukturen seines eigenen

Denkens und Verhaltens bestimmt hat, gibt eine weitere Äußerung, auf die bereits in einem anderen Zusammenhang Bezug genommen worden ist.[188] Lévi-Strauss, dessen Urteil zufolge ein übersteigertes Reizbedürfnis unter die gleichsam »zeitlosen« Wesenszüge der europäischen Kultur zu zählen wäre, bezeichnet Unrast, Sammelleidenschaft und ein bald erlahmendes Interesse an einzelnen Gegenständen als die hervorstechendsten Eigentümlichkeiten seiner »neolithischen« Intelligenz. Wir glauben hingegen, hierin weit weniger spezifische Charakterzüge,[189] noch gar eine Affinität zu irgendwelchen archaischen Bewußtseinsformen, als vielmehr den Ausdruck eben jener sehr aktuellen Deformation des Wahrnehmungsvermögens zu erkennen,[190] wie sie Benjamin als eine allgemeine veränderte Erfahrungsstruktur zur ›Moderne‹ in Beziehung gesetzt hat. Im Leiden an der »Erfahrung von Erfahrungslosigkeit«, deren Konditionierungen er sich im Medium einer »wahren« Erfahrung zu entledigen suchte, vermuten wir daher den eigentlichen Beweggrund seiner Zuwendung zur Ethnographie.

Im zweiten Teil der vorliegenden Arbeit wurde dargestellt, wie sehr gerade die Situation der Feldarbeit eine ständige Bereitschaft zur Schockabwehr voraussetzt und inwieweit sich für den Feldforscher, insbesondere in der ersten Phase seiner Kontaktaufnahme zu einer fremden Gesellschaft, die Entwicklung bzw. die Reaktivierung bereits erlernter Abwehrmechanismen als eine Notwendigkeit erweist. Die Erfahrung »authentischer« Gesellschaften ist also keineswegs notwendig identisch mit einer »authentischen Erfahrung«. Lévi-Strauss aber, der seine Entscheidung für die Ethnographie als eine »existentialistische«[191] gegen die eigene Gesellschaft beschrieben hat und nach dessen Urteil der Wert, den der Ethnologe einer fremden Gesellschaft beimißt, sich nur als »Funktion der Verachtung und zuweilen der Feindseligkeit, die ihm die in seiner eigenen

Umgebung geltenden Sitten einflößen«,[192] erklären ließe, war dieser Verwechslung anscheinend aufgesessen.

Seine Suche nach einer Erfahrung, der er, wie er schreibt, einst bis ans Ende der Welt nachgejagt war und die ihm dennoch ihre Bedeutung, ihren innersten Sinn verweigert hatte,[193] mußte – so nehmen wir an – gerade deshalb scheitern, weil die Situation, der er sich fortwährend konfrontiert sah, demjenigen Zustand, dem entkommen zu können er gehofft hatte, glich.

## Die Kunst der Caduveo und die Kunst der Ethnographie

In *Tristes Tropiques* hat Lévi-Strauss die von ihm besuchten Gesellschaften und die äußeren Umstände seiner Feldforschungsarbeit eingehend beschrieben. Nun erhebt dieser Reisebericht zwar nicht den Anspruch einer wissenschaftlichen Monographie; Lévi-Strauss hat *Tristes Tropiques* selbst einmal als die »Träumereien eines Ethnologen im Felde« bezeichnet.[194] Gerade darin aber, daß sich die *Traurigen Tropen* um Probleme subjektiven Erlebens zentrieren und sich als der Versuch zur rationalisierenden Bewältigung von bestimmten Erfahrungen lesen lassen – die dem Autor, wie er es selbst eingesteht, erst aus der Distanz der Jahre wieder zugänglich wurden –, besteht ihr exemplarischer Wert: »In ihnen bewegt sich noch zwischen schmerzhafter, oft erstarrender Enttäuschung und einer verhärteten, Mythologeme produzierenden Überheblichkeit der Stoff, dessen Verdrängung die späteren Werke zu leisten haben.«[195]

Lévi-Strauss, der 1934 auf einen Lehrstuhl für Soziologie an der Universität von São Paulo berufen worden war, erzählt, wie sich ihm im Jahre 1935 während seiner fünfmonatigen Semesterferien das erste Mal die Möglichkeit zu

einer Kontaktaufnahme mit »echten« Eingeborenengesellschaften bot. Vom brasilianischen Nationalmuseum hatte er
den Auftrag erhalten, in den Gebieten um Porto Esperança –
einer kleinen Stadt in unmittelbarer Nähe der paraguayani-
schen Grenze – archäologische Fundstellen zu inspizieren.[196]
In der Zeit, die ihm nach Erledigung seiner Verpflichtungen
noch zur Verfügung stand, unternahm er Expeditionen zu
den Caduveo und zu den Bororo.[197]

Wenige Tage von Porto Esperança entfernt lag das Territorium der Caduveo – eine Stammesgesellschaft, deren
traditionelle Lebensformen in Auflösung begriffen waren
und die nur noch wenige hundert Mitglieder zählte, die
sich von der Jagd und vom Sammeln von Früchten, von
der Viehzucht und dem Anbau von Maniok dürftig er-
nährten. Lévi-Strauss nahm die Gelegenheit wahr, diese
letzten Nachkommen der Mbaya-Guaicuru (früher eine
der bedeutendsten Ethnien Zentralbrasiliens) zu besuchen.
Doch die Eingeborenen, die er hier vorfand, hatten sich
zumindest ihrer Kleidung und ihren Lebensgewohnheiten nach den brasilianischen Bauern ihrer Nachbarschaft
bereits weitgehend angeglichen. In aller Ausführlichkeit
beschreibt er, wie ihn die Frauen des Stammes immer wieder bedrängten, sie in ihren alten Trachten zu photo-
graphieren, nachdem sie erst einmal gemerkt hatten, daß
er sich verpflichtet fühlte, sie für diese Gefälligkeit mit einer
bestimmten Geldsumme oder mit einem Geschenk zu
bezahlen.

Aufschlußreich und zugleich bezeichnend ist, wie er
diese, für ihn sicherlich strapaziöse Forderung, im Hinblick
auf die kargen Lebensressourcen der Eingeborenen, von
denen er doch selber zu berichten weiß, jedoch durchaus
verständliche Geste unvermittelt in einen größeren Zusammenhang stellt und zu den traditionellen Lebensformen dieser Gesellschaft in Beziehung setzt:

»Doch wären wir sehr schlechte Ethnographen gewesen, wenn wir uns diesem Treiben widersetzt oder darin gar den Beweis für Dekadenz oder Krämergeist gesehen hätten. Denn in veränderter Form tauchten hier die spezifischen Merkmale der Eingeborenengesellschaft wieder auf: Unabhängigkeit und Autorität der Frauen von hoher Geburt; Prahlerei vor Fremden und Anspruch auf die Ehrerbietung des gemeinen Mannes.«[198]

In ähnlicher Weise kommentiert er ein anderes, nicht weniger alltägliches Ereignis. Während seines Aufenthaltes bei den Caduveo bot sich ihm die Gelegenheit zur Teilnahme an einem Fest, das anläßlich des Eintretens der Pubertät eines Mädchens stattfand und an das sich ein größeres Trinkgelage anschloß: Wie unangenehm ihn dabei das Benehmen einiger betrunkener älterer Frauen berührt hatte, läßt sich indirekt aus folgendem Zitat schließen:

»Unterdessen sangen die Frauen ein kurzes Rezitativ aus drei Tönen, das sie ständig wiederholten, und einige alte Frauen, die tranken, sprangen von Zeit zu Zeit wild gestikulierend vom Boden auf und schwatzten scheinbar zusammenhanglos drauflos, unter dem Lachen und den Scherzen der anderen. Auch hier wäre es falsch, dieses Verhalten als bloßes Sichgehenlassen betrunkener Weiber abzutun...«[139]

Selbst noch in dieser Verhaltensweise glaubt Lévi-Strauss Anklänge an bestimmte Züge der einst hochentwickelten Kultur der Caduveo zu erkennen:

»...denn die alten Autoren weisen darauf hin, daß die Feste, insbesondere diejenigen, bei denen die wichtigsten Augenblicke im Leben eines adligen Kindes gefeiert wurden, dadurch gekennzeichnet waren, daß sich die Frauen in Männerrollen zur Schau stellten: bei kriegerischen Umzügen, Tänzen und Turnieren.«[200]

Es ließen sich weitere Beispiele anführen, die deutlich zeigen, wie Lévi-Strauss in ähnlichen, ihn bedrängenden Situationen immer wieder auf das Entlastungsangebot ihm zur Verfügung stehender und Distanzierungsmöglichkeiten bietender Daten und Kategorien zurückgegriffen hat, in die das Verhalten der Eingeborenen eingeordnet wird. Wenn auch davon ausgegangen werden kann, daß die in seinem Reisebericht wiedergegebenen Felderlebnisse auf Tagebucheintragungen beruhen, so wäre doch ein solches Vorgehen in Anbetracht der Tatsache, daß *Tristes Tropiques* erst Jahrzehnte später veröffentlicht worden ist, nicht ganz legitim. Sinnvoller erscheint es, im Rahmen einer textimmanenten Kritik zu überprüfen, inwieweit sich ein ähnlicher »reflektorischer« Mechanismus auch auf der Ebene der theoretischen Verarbeitung der von ihm beobachteten Daten wiederfindet.

Im Mittelpunkt des der Darstellung der Caduveo gewidmeten Kapitels steht ein Relikt der alten Kultur der Mbaya-Guaicuru – nämlich die kunstvollen arabesken Verzierungen, mit denen die Frauen jenes Stammes Gesicht und Körper bemalen. Lévi-Strauss nimmt diesen Brauch, über den erste Berichte bereits aus dem 16. Jahrhundert vorliegen, zum Anlaß einer weitausholenden Spekulation.

Rätselhaft seien, so schreibt er, vor allem die diesen ornamenthaften Zeichnungen zugrundeliegenden Formprinzipien. Manche der verwendeten Motive – einfache und doppelte Spiralen, Vierecke, Schnecken, Barren usf. – lassen sich auch bei anderen südamerikanischen Indianerstämmen finden. Einzigartig aber sei die Art und Weise ihrer Komposition: Es finden sich die einzelnen Elemente nämlich spiegelbildlich an zwei Achsen angeordnet, die das menschliche Gesicht in vier Teile zerlegen. So versuchten diese Zeichnungen einerseits die »Integrität des Gesichts (zu respektieren)«, andererseits aber dessen »natürliche Harmonie zugunsten der künstlichen Harmonie der Malerei (zu leugnen)«.[201] Lévi-Strauss glaubt nun in dieser Eigenart der bis in unser Jahrhundert tradierten Kunst der Mbaya-Guaicuru einen Ausdruck des »aristokratischen Dünkels«[202] dieses streng hierarchisch gegliederten und kriegerischen Eroberervolkes zu erkennen, das von den Tributleistungen der unterworfenen alteingesessenen Bevölkerung lebte. Abtreibung und Kindsmord standen in dieser Gesellschaft, wie es frühe Reisende zu berichten wußten, auf der Tagesordnung; Lévi-Strauss nimmt dies als Beweis dafür, wie sich der arrogante Habitus »dieser Menschen, die Ritterromanen entsprungen« und »in ihr grausames Spiel von Prestige und Herrschaft (vertieft) gewesen zu sein schienen«,[203] über alle Ebenen hin erstreckte und selbst noch im tiefen Abscheu, den sie vor allen natürlichen Funktionen empfanden, Ausdruck fand.

Die Mitglieder der an der Spitze der sozialen Stufenleiter der Mbaya-Guaicuru stehenden Feudalkaste pflegten ihren Rang dadurch zu bekunden, daß sie sich, nachdem sie sich die Augenbrauen ausgezupft hatten, mit wappenähnlichen Tätowierungen und Zeichnungen bemalten – ein Brauch, der von den Frauen der Caduveo beibehalten worden war und dem sie, so vermutet Lévi-Strauss, ihre starke erotische Anziehungskraft verdankten, für die sie noch zur Zeit seines Besuches in der ganzen Umgebung berühmt waren.[204] In dieser Sitte, so schlußfolgert er, äußere sich das gleiche zwanghafte Bedürfnis, sich von der Natur distanzieren zu müssen, wie es angeblich auch dem Ekel der Mbaya vor allem, was mit der natürlichen Fortpflanzung zusammenhängt, zugrunde liegt:

»Die Gesichtsmalereien verleihen (...) dem Individuum seine Menschenwürde; sie vollziehen den Übergang von der Natur zur Kultur, vom ›stumpfsinnigen‹ Tier zum zivilisierten Menschen.«[205]

Zur Begründung dieser Erklärung kann Lévi-Strauss auf verschiedene ältere ethnographische Berichte verweisen. Nun kann hier nicht der Ort sein, anhand seiner Interpretationen von Mythen und Verwandtschaftsstrukturen aufzuzeigen, mit welcher Unbekümmertheit um kontextuelle und qualitative Differenzen Lévi-Strauss in seinen frühen und späten Werken[206] die unterschiedlichsten kulturellen Produkte als Thematisierungen des Oppositionspaares Kultur/Natur zu deuten versucht hat. Wenn wir eben jene Grundopposition, die im Rahmen der strukturalen Analyse den Rang eines universalen Erklärungsstereotyps erhalten hat,[207] hier nun schließlich auch als Lösung des Rätsels der Caduveo-Kunst vorgeführt bekommen, dann scheint der Verdacht nicht von der Hand zu weisen zu sein, daß es sich hierbei um nicht mehr als eine spontane Assoziation, als einen ersten deiktischen, erst im nachhinein durch ausgewählte Quellen belegten, Klassifizierungsversuch handelt.[208]

Lévi-Strauss läßt es bei dieser Erklärung allerdings nicht bewenden. Die abstrakten Strukturprinzipien der Kunst der Caduveo, deren Dynamik, wie er schreibt, »diese grundlegende Dualität auf allen Ebenen (überschneidet): denn die primären Themen werden zunächst auseinandergebrochen, dann zu sekundären Themen wieder zusammengesetzt (...) und diese werden dann so nebeneinandergestellt, daß die ursprüngliche Einheit wie durch ein Gaukelspiel erneut auftaucht«,[209] setzt er darüber hinaus in eine unmittelbare Beziehung zur Sozialstruktur der in Kasten unterteilten Gesellschaft der Mbaya-Guaicuru, die, sofern jede einzelne Kaste die Neigung zeigte, sich »auf Kosten des gesamtgesellschaftlichen Zusammenhangs auf sich selbst zurückzuziehen«,[210] ständig von der Segregation bedroht gewesen sei. Während es nun aber, wie er behauptet, den ähnlich hierarchisch gegliederten Ethnien der Guana in Paraguay und der Bororo im mittleren Mato Grosso gelungen sei, den »Widerspruch in ihrer sozialen Struktur durch wahrhaft soziologische Methoden zu lösen oder zu verschleiern«,[211] fehlte den aristokratischen Mbaya eine solche Lösung, »sei es, weil sie ihnen unbekannt war – was unwahrscheinlich ist –, sei es eher deshalb, weil sie sich mit ihrem Fanatismus nicht vereinbaren ließ«.[212] In der Kunst dieses Volkes glaubt Lévi-Strauss daher die imaginierte Lösung der Widersprüche ihrer sozialen Organisation zu entdecken, die auf der soziologischen Ebene zu verwirklichen die Mbaya zu voreingenommen waren:

»Denn wenn unsere Analyse richtig ist, dann muß man die graphische Kunst der Caduveo-Frauen, ihre geheimnisvolle Verführungskraft und ihre auf den ersten Blick grundlose Kompliziertheit als die Phantasie einer Gesellschaft deuten und erklären, die mit ungestillter Leidenschaft nach Mitteln sucht, die Institutionen symbolisch darzustellen, die sie hätte haben können, wenn ihre Interessen und ihr Aberglaube sie nicht daran gehindert hätte. Bewundernswerte Kultur, deren Traum die Königinnen mit ihrer Schminke einfangen: Hieroglyphen, die ein unerreichbares goldenes Zeitalter beschreiben (. . .).«[213]

Jene gerechte soziale Ordnung, die sich die Mbaya-Guaicuru versagt hatten und die sie, wie es ihm ihre Kunst bezeugte, dennoch ersehnten, glaubte er zunächst in den sozialen Institutionen der Bororo verwirklicht zu finden. Diesen Stamm – im Gegensatz zu den Caduveo eine noch intakte Eingeborenengesellschaft – beschreibt er als aus zwei exogamen Moieties bestehend, die sich ihrerseits in je drei exogame Clans unterteilten. Es handelt sich dabei um eine, im ethnologischen Sinn, klassische Form dualistischer Organisation mit einer Vielzahl reziproker Verpflichtungen, die die eine Stammeshälfte gegenüber der anderen zu erfüllen hat:

»(Die beiden Hälften) bemühen sich, füreinander und durch einander zu leben und zu atmen: indem sie Frauen, Güter und Dienstleistungen in einem eifrigen Bemühen um Gegenseitigkeit austauschen, ihre Kinder miteinander verheiraten, gegenseitig ihre Toten begraben und sich wechselseitig versichern, daß das Leben ewig, die Welt hilfreich und die Gesellschaft gerecht ist. (. . .) Die Widersprüche, an denen sie sich stießen, haben sie immer wieder aufgenommen und einen Gegensatz nur akzeptiert, um ihn zugunsten eines anderen aufzuheben; sie haben die Gruppen längs und quer gespalten, sie miteinander verbunden und einander entgegengestellt und ihr gesamtes gesellschaftliches und geistiges Leben in eine Art Wappen verwandelt, bei dem sich Symmetrie und Asymmetrie die Waage halten, wie in den gelehrten Zeichnungen, mit denen sich eine schöne Caduveo-Indianerin, vom selben Gedanken gequält, ihr Gesicht verschrammt.«[214]

Die Prinzipien des Dualismus und der Reziprozität aber, die scheinbar alle Bereiche des gesellschaftlichen Lebens der Bororo beherrschten, entdeckten sich ihm sehr bald als die ideologischen Verbrämungen der grundlegenden Widersprüche auch dieser in Wirklichkeit streng hierarchisch gegliederten Gesellschaft:

»In einer Gesellschaft, die scheinbar aus bloßer Spielerei das Komplizierte gesucht hat, ist jeder Clan in drei Gruppen unterteilt – die Oberen, die Mittleren und die Unteren –, und über allen Reglementierungen schwebt diejenige, die bestimmt, daß ein Oberer der einen Hälfte einen Oberen der anderen Hälfte, ein Mittlerer einen Mittleren und ein Unterer einen Unteren heiraten muß; was bedeutet, daß sich das Bororo-Dorf hinter dem Deckmantel brüderlicher Institutionen letztlich auf drei Gruppen reduzieren läßt, die ausschließlich untereinander heiraten. Drei Gesellschaften, die, ohne es zu wissen, für immer voneinander verschieden und getrennt bleiben, jede die Gefangene eines Dünkels, der sich durch irreführende Institutionen den eigenen Blicken entzieht, so daß eine jede das unbewußte Opfer von Ränken ist, deren Zweck sie nicht mehr durchschauen kann.«[215]

*Auf den Spuren Rousseaus*

Wenn bisher vor allem die negative Seite von Lévi-Strauss' ethnographischer Berufung: sein »Unbehagen in der Kultur«, seine Kritik an den Lebensformen der eigenen Gesellschaft, Gegenstand unserer Diskussion war, so blieb doch zunächst noch offen, was er in den von ihm besuchten Gesellschaften Positives zu finden hoffte.

Lévi-Strauss war auf ethnographischem Gebiet Autodidakt. Er hatte sich von der Ethnographie diejenigen Offenbarungen, die ihm die Philosophie verweigerte, versprochen. Primär »philosophischer« Natur aber waren die Erwartungen, die er an die sogenannten primitiven Gesellschaften herantrug. In diesen Gesellschaften, die er später als mit dem Terminus »authentisch« zu bezeichnen vorgeschlagen hat, weil sie noch nach einem Typus unmittelbarer sozialer Beziehungen organisiert seien,[216] und von denen er darüber hinaus behauptet, daß sie, »verzweifelt jeder Modifikation ihrer Struktur« widerstehend,[217] von allen historischen Veränderungen unberührt zu bleiben suchten, glaubte er noch am ehesten Verwirklichungen jenes Zustands zu finden,

»(...) der – wie Rousseau sagt – ›nicht mehr existiert, vielleicht nie existiert hat und wahrscheinlich auch nie existieren wird und von dem wir dennoch richtige Vorstellungen haben müssen, um unseren gegenwärtigen Zustand beurteilen zu können‹.«[218]

Nun ergeht sich Lévi-Strauss zwar nicht in einer »schlecht-romantischen Schwärmerei für die naturhafte Unmittelbarkeit des Lebens der sogenannten Wilden«;[219] dieses »Goldene Zeitalter«, von dem Rousseau hier spricht, sei, so schreibt er, keineswegs identisch mit dem Naturzustand des Menschen, wie denn Rousseau überhaupt niemals den Irrtum begangen habe, den »natürlichen Menschen« zu idealisieren, denn: »Wer Mensch sagt, sagt Sprache, und wer Sprache sagt, sagt Gesellschaft.«[220] Emphatisch bekennt er sich daher zu Rousseau, »den ethnographischsten von allen Philosophen«,[221] als seinen wahren Lehrmeister:

»Rousseau hatte zweifellos recht, wenn er glaubte, daß es für das Glück der Menschheit besser gewesen wäre, ›die rechte Mitte zwischen der Trägheit des primitiven Zustands und der ungestümen Aktivität unserer Eigenliebe‹ zu wahren (. . .). «[222]

Seine Intentionen treffend umschreibend, hat Roger Bastide Lévi-Strauss einmal einen Ethnographen »à la recherche du temps perdu« genannt: Ziel seiner Suche sei allerdings nicht die »individuell verlorene« Zeit eines Marcel Proust, sondern das »kollektiv Verlorene« der Gattungsgeschichte.[223] In demselben Maße, in dem ihm seine ethnographische Reise in nachträglicher Reflexion als ein Weg erschienen war durch die verschiedenen Entwicklungsstufen der gesellschaftlichen Organisation, die sich ihrerseits als nicht mehr erweisen als im Dialog mit der Geschichte entstandene Variationen über ein und dasselbe Thema,[224] in eben dem Maße erhält jede einzelne der von ihm in den *Traurigen Tropen* besuchten Gesellschaften, gemessen an Rousseaus Utopie einer idealen Form gesellschaftlicher Organisation, den systematischen Stellenwert eines mehr oder weniger gelungenen Versuches zur Realisierung ein und desselben Ziels.

So beschreibt Lévi-Strauss die Nambikwara (die dritte Etappe seiner ethnographischen Reise) – einen aus lose organisierten, während der Trockenperiode zu langen Wanderungen aufbrechenden Familiengruppen bestehenden Stammesverband – als eine Gesellschaft auf der Grenze des Sozialen. Von den benachbarten Stämmen unterschieden sich die Nambikwara durch ihren physischen Typus, vor allem aber durch die Armseligkeit ihrer materiellen Kultur. Handelt es sich bei diesen Eingeborenen, deren physischer Typus dem der ältesten Einwohner Mexikos gleicht und deren sprachliche Struktur an das Königreich von Chibcha erinnert, tatsächlich um »echte Primitive« oder um die »verlorenen Söhne« (enfants prodigues) einer alten Kultur, die sich, sei es unwillentlich, sei es freiwillig, auf ein früheres Stadium kul-

tureller und gesellschaftlicher Organisationen zurückbege-
ben haben? – so fragt sich Lévi-Strauss.[225]

Ebenso dürftig wie die materielle Kultur ist die soziale
Ordnung, die sich dieser Stamm gegeben hatte. Die Arbeits-
teilung erfolgt bei den Nambikwara nach den Geschlech-
tern: Die Männer sind Gärtner und Jäger, die Frauen sammeln Früchte, Wurzeln und kleine Tiere. Doch da die Jagd
im unfruchtbaren Savannengebiet des mittleren Mato
Grosso oft erfolglos ist, überleben die einzelnen Gruppen
während der Wanderungsperioden meist nur dank der ökonomischen Tätigkeit der Frauen. Dem Paar kommt daher
bei den Nambikwara grundlegende Bedeutung zu:

> »In diesen Nomadenhorden, die sich unablässig neu bilden und
> wieder auflösen, erscheint das Paar als die einzige stabile Wirklich-
> keit.«[226]

Das Paar, so resümiert daher Lévi-Strauss, ist die »ökono-
mische und soziologische Einheit schlechthin«. In dieser
Gesellschaft, die seiner Darstellung zufolge neben der Kern-
familie und neben einigen rudimentären Verwandtschaftsre-
geln nur noch über die soziale Institution des Häuptlings-
tums verfügte, in dieser Gesellschaft also, deren soziale
Organisation, nicht weniger als ihre materielle Kultur, auf
das Notwendigste reduziert schien, glaubte Lévi-Strauss die
Verwirklichung der Utopie Rousseaus gefunden zu haben:

> »Was mich betrifft, so war ich auf der Suche nach dem, was
> Rousseau ›die kaum merklichen Fortschritte der Anfänge nennt‹,
> bis ans Ende der Welt gegangen. (. . .) Glücklicher als er, glaubte
> ich, diesen Zustand bei einer im Sterben liegenden Gesellschaft ent-
> deckt zu haben, bei der jedoch die Frage sinnlos war, ob sie ein
> Überbleibsel der Vergangenheit darstellt oder nicht: traditionell
> oder degeneriert, sie brachte mich in Berührung mit einer der arm-
> seligsten Formen sozialer und politischer Organisation, die sich
> überhaupt denken läßt. Ich brauchte mich nicht auf die besondere
> Geschichte zu berufen, welche sie in diesem elementaren Zustand

verharren ließ oder, was wahrscheinlicher ist, in ihn zurückgeworfen hatte. Es genügte die soziologische Erfahrung, die ich vor
Augen hatte. *Doch sie war es, die sich mir entzog.* Ich hatte eine auf
ihren einfachsten Ausdruck reduzierte Gesellschaft gesucht. Die
der Nambikwara war so einfach, daß ich in ihr nur Menschen
fand.«[227]


## Wissenschaft und »Ressentiment«

Am Beispiel der Selbstzeugnisse anderer Feldforscher ließ
sich belegen, inwieweit sich zumindest die erste Phase der
Feldforschungstätigkeit als eine Situation darstellt, die die
ständige Bereitschaft zur Schockabwehr voraussetzt. Kann
doch für den unter solchen Bedingungen Forschenden das
Forschen selbst noch – als »partielle Abreaktion von Span-
nungen durch Aktivität«, die verbunden ist mit einer »ich-
syntonen, kulturell sanktionierten Selbstdefinition (›Ich bin
Anthropologe‹) und mit einer in ähnlicher Weise sanktionierten Definition der Situation (›Dies ist Feldforschung‹)« –
den Wert einer »professionellen Abwehrstrategie« erhalten.[228] Damit ist noch nicht unbedingt ein Zweifel an der
wissenschaftlichen Brauchbarkeit der Ergebnisse der Feldarbeit angemeldet. Allerdings erweisen die Resultate aus dem
ersten Stadium der ethnographischen Untersuchungstätigkeit sich dem Feldforscher selbst aufgrund eben jener Spannungssituation als verzerrt. Zu ihrer Verifizierbarkeit bedarf
es auf jeden Fall eines längeren Zeitraumes der Akklimatisie-
rung des Forschers an die ihm fremde soziale Umgebung.[229]
Schon Malinowski hatte daher die Forderung aufgestellt,
daß der Ethnograph längere Zeit in engem Kontakt mit der
Gesellschaft gelebt haben müsse, die Gegenstand seiner Studien ist.

Lévi-Strauss' ethnographische Untersuchungsmethoden aber haben sich – wie es Edmund Leach nachgewiesen hat – von der von Malinowski so heftig kritisierten »rocking-chair-anthropology« charakteristischerweise nicht grundlegend unterschieden.

Seine ersten Feldforschungen unter den Indianerstämmen des brasilianischen Mato Grosso unternahm Lévi-Strauss zwischen 1934 und 1937, zu derselben Zeit also, als er an der Universität von São Paulo als Soziologieprofessor angestellt war. Auf ihnen basieren seine wissenschaftlichen Veröffentlichungen über die Bororo und die Caduveo.[230] Da er während dieser Zeit vor allem seinen Lehrverpflichtungen nachkommen mußte und außerdem mehrere Male nach Frankreich zurückkehrte, kann er bei diesen beiden Stämmen, so behauptet Edmund Leach,[231] insgesamt nicht mehr als drei Monate verbracht haben.

1938 erhielt er von der französischen Regierung die nötigen finanziellen Mittel, um eine Expedition in das Innere des Mato Grosso durchzuführen. Auf dieser Reise, die ungefähr ein Jahr dauerte, wurde er von seiner Frau und vier weiteren Wissenschaftlern begleitet. Ziel der Expedition war es, zu den Nambikwara Kontakte aufzunehmen, einem Stamm, der ein Territorium von der Größe Frankreichs bewohnte und zu diesem Zeitpunkt, durch Kriege und Seuchen bereits weitgehend dezimiert, nurmehr knapp 2000 Mitglieder zählte.[232] Die Gruppe war in diesem Gebiet fast ein ganzes Jahr unterwegs, ohne größere Zwischenaufenthalte einlegen zu können. Edmund Leach kommt daher zu dem Schluß, daß sich Lévi-Strauss auch im Stammesgebiet der Nambikwara an ein und demselben Ort nie länger als nur ein paar Wochen aufgehalten hat und daß es ihm weder bei den Caduveo noch bei den Bororo noch bei den Nambikwara möglich gewesen sein kann, sich mit seinen eingeborenen Informanten in ihrer eigenen Sprache zu unterhalten.[233]

Daß der erste Eindruck des Beobachters mit dem bewußten Modell, das sich die Eingeborenen selbst von ihrer Gesellschaft machen, tendenziell identisch sei, hat Lévi-Strauss verschiedentlich behauptet. Nun sei ein erfahrener Ethnologe, so fährt Leach demgegenüber fort, zwar auch dann, wenn er sich ausschließlich auf Dolmetscher verlassen müsse, durchaus in der Lage, schon nach wenigen Tagen ein einigermaßen stimmiges Modell des sozialen Funktionsmechanismus der zu untersuchenden Gesellschaft zu entwikkeln. Habe er aber erst einmal das lokale Sprachsystem beherrschen gelernt und mehrere Monate bei dem Stamm zugebracht, bliebe von diesem Modell, so Leach, nurmehr sehr wenig übrig. Weder mit der gesellschaftlichen Selbstinterpretation der Eingeborenen noch mit den tatsächlichen Sozialstrukturen der entsprechenden Gesellschaft annähernd kongruent, würde sich jenes erste Modell des sozialen Funktionsmechanismus alsbald als Amalgam der Voreingenommenheiten und Vorurteile des Ethnologen selbst erweisen. Die »demoralisierende Erfahrung« aber, daß die wirklichen Schwierigkeiten einer soziologischen Analyse erst nach der Initialphase der Untersuchung beginnen, habe Lévi-Strauss niemals machen müssen.[234]

Lévi-Strauss wäre mithin über jene erste Phase der Feldforschung, in deren Mittelpunkt vornehmlich der Forscher selbst steht, der die ihm zur Verfügung stehenden Abwehrmechanismen aktiviert, um die Ausnahmesituation zu bewältigen, nie hinausgekommen. Nun steht aber zu vermuten, daß zwischen dem besonderen Charakter der Initialphase der Untersuchungstätigkeit auf der einen Seite und dem ersten Modell, das der Forscher von der fremden Gesellschaft entwirft, auf der anderen Seite eine bestimmte logische Beziehung besteht.

Auf die entlastende Funktion, die universalen Erklärungsstereotypen wie etwa »rassistischen oder auch anderen, z. B.

romantisch-evolutionistischen Theorien« bei der »Auffangung des Kulturschocks« zukommt, »den jeder einigermaßen sensible Mensch in einem fremden Kulturbereich erleidet, wenn er vorher als ›natürlich‹ oder ›allgemeinmenschlich‹ angenommene soziale Rollenverteilungen, Denkformen, Gefühlsreaktionen, ästhetische oder ethische Maßstäbe sowie die von ihnen geleiteten Verhaltensweisen vermißt (...)« und der im wesentlichen in der Entdeckung besteht, daß »viele psychische Strukturen (...) plötzlich als Variable bewußt (werden), die von anderen, vorerst noch unbekannten Faktoren abhängen«,[235] hat Erich Wulff hingewiesen. Der Ethnologe, der sich im Verlauf seiner Ausbildung mit Theorien vertraut gemacht hat, die ihn instand setzen, seinen eigenen kulturellen Standpunkt weithin zu relativieren, scheint zumindest den intellektuellen Problemen, die aus seiner Situation in der Feldarbeit resultieren, weniger hilflos ausgesetzt als der wissenschaftlich nicht einschlägig Vorgebildete. Die gleichzeitig auftretenden emotionalen Probleme hingegen können durchaus zur Folge haben, daß die wissenschaftlichen Erklärungsmodelle, die ihrer rationalen Struktur gemäß die unmittelbare »reflektorische« Einordnung »angsterregender Daten« ermöglichen – ebenso wie auch die spannungsmindernde Routine der Untersuchungstätigkeit selbst –, in den Dienst einer berufsmäßigen strategischen Abwehr treten. Zwischen dem unmittelbaren Vorurteil, dem »Ressentiment«,[236] und dem gleichermaßen in Reaktionsbildung zustande gekommenen ersten Zuordnungsversuch des Feldforschers bestünde demnach nur ein gradueller Unterschied.

»Jede Art von Klassifizierung ist dem Chaos überlegen (...)«,[237] behauptet Lévi-Strauss in bezug auf das seinem eigenen angeblich verwandte »neolithische« Denken. »Im Felde«, so heißt es an anderer Stelle, »sieht der Ethnologe sich jedesmal einer Welt ausgeliefert, in der ihm alles fremd, oft feindlich ist. Er hat nur dieses Ich, um (...) seinen Forschungen nachzugehen«,[238] und schließlich beschwört Lévi-Strauss die Gefahr, die die »endgültige Absorption des Beobachters durch den Gegenstand seiner Beobachtung« im Rahmen der integralen Beobachtung, wie der Anthropologe sie praktiziert, darstellt.[239]

Verbirgt sich in diesen Selbstäußerungen das existentielle Resümee seiner Felderfahrungen, so hat er ihr wissenschaftlich-systematisches Resümee der detaillierten Beschreibung der von ihm erforschten Gesellschaften vorangestellt:

»Die Gesamtheit der Bräuche eines Volkes«, so heißt es in der Einleitung zu dem der Darstellung der Kunst der Caduveo gewidmeten Kapitel, »ist stets durch einen Stil gekennzeichnet; sie bilden Systeme. Ich bin davon überzeugt, daß die Anzahl dieser Systeme begrenzt ist und daß die menschlichen Gesellschaften, genau wie die Individuen – in ihren Spielen, ihren Träumen, ihrem Wahn – niemals absolut Neues schaffen, sondern sich darauf beschränken, bestimmte Kombinationen aus einem idealen Repertoire auszuwählen, das sich rekonstruieren ließe. «[240]

Wenn sich Lévi-Strauss aber bei keiner der von ihm untersuchten Gesellschaften die Möglichkeit zur intensiveren Kontaktaufnahme (und damit auch zur Erkenntnis des reaktiven Charakters eines auf spontanen Zuordnungen beruhenden ersten Erklärungsmodells) geboten hat, mußte er dann nicht – je öfter er sich mit derselben Situation konfrontiert sah und in eben dem Maße, in dem er in einer wechselnden Umgebung immer nur wieder seine eigenen Reaktionsbildungen »erfuhr« – hinter der unverbundenen Mannigfaltigkeit der von ihm beobachteten Institutionen und Verhaltensweisen ein einheitliches Ordnungsprinzip vermuten – ein Ordnungsprinzip, dessen vermeintlich universale Gültigkeit sich indes keinem anderen Realfundament als der Identität des Beobachters selbst verdankte? (Diese These scheint Lévi-Strauss selbst zu bestätigen, wenn er paradoxerweise gerade von der Gesellschaft, bei der er sich am längsten aufgehalten hat, behauptete, ihre »soziologische Erfahrung« habe sich ihm entzogen.)[241]

Reale Beziehungslosigkeit und imaginierter Beziehungswahn, Diskontinuität der Wahrnehmung und Deiktizität des Bewußtseins bedingten sich mithin wechselseitig; zwischen einer unter den Bedingungen unmittelbarer Schockabwehr erfolgenden Registrierung von Eindrücken »auf Kosten ihrer inhaltlichen Integrität« (Benjamin) und der restriktiven Kurzschlüssigkeit eines Denkens, das mit »jeglichem Inhalt den kurzen Prozeß (...) einer Reduktion aufs unverbrüchlich Wesentliche macht«,[242] besteht, so nehmen wir an, ein kausaler Zusammenhang. Ihr Resultat aber wäre das einem realen Objektverlust gleichkommende »totale Resignationsbewußtsein von Lévi-Strauss«, das sich »in den *Traurigen Tropen* verrät«.[243]

# Exkurs: Zum Gegenstandsbegriff der strukturalen Anthropologie

Als dem »hervorragendsten lebenden Anthropologen des kontinentalen Europa«[244] wird Claude Lévi-Strauss heute das Verdienst zugerechnet, der Ethnologie den alten Rechtstitel der »Anthropologie« zurückgewonnen zu haben, indem er sie nicht nur aus der einst selbstauferlegten Beschreibung und Analyse einzelner Gesellschaften befreite, sondern auch ihr Selbstverständnis, das die Gleichzeitigkeit ihrer Entstehung mit dem expandierenden Interessenzusammenhang des Imperialismus zum Inhalt eines Verdrängungsprozesses machte,[245] einer kritischen Überprüfung unterzog.

In den *Traurigen Tropen* hat Lévi-Strauss die Aufgabe des Ethnographen als eine stellvertretende Sühneleistung definiert:

> »Der Ethnograph kann um so weniger das Interesse an seiner eigenen Kultur verlieren und sich von ihren Fehlern lossagen, als seine Existenz selbst unverständlich bliebe, wenn sie nicht als Versuch der Wiedergutmachung verstanden wird: er ist das Symbol der Sühne. «[246]

Darüber hinaus tritt die von ihm in der Untersuchung ethnographischer Sachverhalte entwickelte »strukturale Methode« mit dem Anspruch auf, eine kopernikanische

Wende der Sozialwissenschaften einzuleiten: Im System der Wissenschaften nehme die Anthropologie heute die Stellung ein, die der der Astronomie im Zeitalter der Renaissance durchaus kommensurabel wäre.[247] Alle Emphase, mit der Lévi-Strauss diesen Vergleich wiederholt vorgetragen hat, vermag allerdings nicht darüber hinwegzutäuschen, daß er zu einem der ältesten Topoi der modernen Sozialwissenschaften gehört.[248] Innerhalb der Ethnologie findet er sich ein erstes Mal bereits bei Edward Tylor (in seiner 1871 erschienenen *Primitive Culture*) als durchgehendes Verhältnis formuliert:

»(. . .) es scheint mit der Naturwissenschaft des menschlichen Lebens ähnlich zu gehen wie mit dem Studium der Natur der Himmelskörper. Die Vorgänge, welche wir auf den frühesten Stadien unserer geistigen Entwicklung kennenlernen sollten, liegen zeitlich ebenso weit von uns entfernt, wie die Sterne räumlich.«[249]

Tylor, der Wesentliches dazu beitrug, die Ethnologie Ende des 19. Jahrhunderts in den Rang einer Universitätswissenschaft zu erheben, und der als einer der Begründer der von Lévi-Strauss heftig befehdeten evolutionistischen Schule gilt, hat denn überhaupt viele der von Lévi-Strauss zu originär strukturalistischen deklarierten (und als solche kritisierten) Lehrmeinungen vorweggenommen: die These von der die Mannigfaltigkeit kultureller Erscheinungen letztendlich bedingenden Einheit des menschlichen Geistes ebenso wie die vom Primat der synchronen Analyse, da jene es im Gegensatz zur historischen eher erlauben würde, diejenigen Gesetze zu eruieren, die dem menschlichen Handeln als Invariablen zugrunde liegen. Ebenso lag es schon in Tylors Intention, die von ihm vertretene »Kulturwissenschaft« am Vorbild der Naturwissenschaften zu orientieren.[250] Lévi-Strauss allerdings geht in dieser Richtung noch einen Schritt weiter:

Die »strukturale Anthropologie« tritt nicht nur mit dem Versprechen auf, für die Wissenschaften vom Menschen eine der der Naturwissenschaften vergleichbare exakte Methode entwickelt zu haben, sondern darüber hinaus glaubt sie, die Dichotomie von »erklärenden« exakten Wissenschaften und »verstehenden« Geisteswissenschaften überwunden zu haben.[251]

Konstitutiv für die privilegierte Position, die die Anthropologie unter den Wissenschaften einzunehmen sich berechtigt sieht, sind, Lévi-Strauss zufolge, indes nicht, wie man es zunächst vermeinen möchte, die spezifischen Eigenschaften eines ihr eigenen Objektes – vielmehr die Besonderheit der Relation zwischen beobachtendem Subjekt und dem Objekt seiner Beobachtung.

### Die strukturale Reduktion

Weder den Gesellschafts- und Humanwissenschaften noch den Naturwissenschaften eindeutig zuzuordnen, entzöge sich die Anthropologie – so schreibt Lévi-Strauss in einem 1954 unter dem Titel *Zur Stellung der Anthropologie in den Sozialwissenschaften* veröffentlichten Aufsatz [252] – dem herkömmlichen System der Wissenschaften. Weit davon entfernt, »auf der Bühne der wissenschaftlichen Entwicklung als ein autonomer Körper zu erscheinen«, ließe sie sich ebensowenig durch die Existenz eines eigenen und ihr allein vorbehaltenen Gegenstandsbereiches definieren. Wenn auch aus der Ethnologie hervorgegangen, sei sie nichtsdestoweniger keineswegs identisch mit »Steinäxten, Totemismus und Polygamie«.[253]

Denn so wie auf der einen Seite die Soziologie heute ein legitimes Interesse an den sogenannten primitiven Gesellschaften entwickelt, würde auf der anderen Seite das Studium des Anthropologen inzwischen auch der eigenen Gesellschaft gelten. Wenn Anthropologie sich also nicht nach Maßgabe ihres Gegenstands bestimmen läßt, ja, wenn sie nicht einmal über einen ihr eigenen Gegenstandsbereich verfügt, worin besteht dann ihre Eigenart?

»Beschränken wir uns im Augenblick auf die Erklärung, daß sie mit einer bestimmten Weltansicht oder mit einer originellen Art, Probleme zu stellen, zusammenhängt, die beide *anläßlich* der Untersuchung sozialer Phänomene zum Vorschein kamen, die nicht (. . .) notwendig einfacher sind, als jene, deren Schauplatz die Gesellschaft des Beobachters ist, die aber – wegen der großen Unterschiede, die sie im Vergleich zu diesen letzteren bieten – bestimmte *allgemeine Merkmale* des gesellschaftlichen Lebens, die der Anthropologe zum Gegenstand hat, zum Vorschein bringen.«[254]

Von anderen Wissenschaften unterscheidet sich die Anthropologie nach Lévi-Strauss mithin dadurch, daß der Anthropologe sich zwar der Konfrontation mit bestimmten Gegenständen – den »sozialen Phänomenen« – aussetzt, die aber anthropologische Objekte werden erst durch ihre extreme räumliche wie auch wertkategoriale Entfernung von der Gesellschaft des sie Untersuchenden im sozialen, kulturellen wie individuellen Sinn, und weiterhin dadurch, daß der Anthropologe zu seinem *eigentlichen* Gegenstand weniger die untersuchten sozialen Phänomene selbst hat, als vielmehr die vermittels der Objektkonstituierung in seinem eigenen Bewußtsein sich vollziehende Gegenüberstellung von beobachtetem Objekt und beobachtendem Subjekt. Die Wissenschaft konstituierende methodische Distanz von Erkennendem und Erkanntem kehrt mithin in der Person des Erkenntnissubjekts wieder – in der Situation einer kulturellen Grenzüberschreitung und des intensiven beobachtenden Kontaktes mit der fremden Kultur. In demselben Maße, in dem die Person des Beobachters im Beobachtungsprozeß notwendig in den Hintergrund tritt, wird sie, nach Maßgabe der strukturalen Anthropologie, dessen Zentrum; wird das beobachtende Ich nicht vordringlich das Instrument, sondern der Gegenstand der Beobachtung. Widerspräche dies aber nicht dem eben Zitierten, demzufolge der Anthropologe »bestimmte allgemeine Merkmale des gesellschaftlichen Lebens« als seinen Untersuchungsgegenstand habe?

Die sozialen Phänomene, anläßlich deren Untersuchung »bestimmte allgemeine Merkmale des gesellschaftlichen Lebens« zum Vorschein kommen und denen das primäre Augenmerk der Anthropologie – gemäß dem Anspruch einer »semiologischen Wissenschaft«,[255] den sie nach Lévi-Strauss erhebt – zu gelten habe, ließen sich mithin von vorneherein auf solche des sozialen Austauschs reduzieren. Demgegenüber bleiben diejenigen sozialen Sachverhalte, die ein über menschliche Arbeit sich konstituierendes Wechselverhältnis von Natur und Gesellschaft zur Basis haben (und von diesen als den fundamentalen auszugehen, wäre die Grundbedingung einer jeden materialistischen Anthropologie), einer »Semiotik« qua Definition verschlossen. Eines der obersten Erkenntnisziele der Anthropologie sei es, so formuliert Lévi-Strauss an anderer Stelle, ein allgemeines Strukturmodell zu entwickeln, unter das die Regeln subsumiert werden könnten, die gleichermaßen der Verwandtschaft, der Ökonomie und der Sprache zugrunde liegen. Bezeichnend für die reduktiven Tendenzen des kommunikationstheoretischen Ansatzes, den er verficht, ist es, wenn er in diesem Zusammenhang in Analogie zur Verwandtschaft als »Austausch von Frauen« und der Sprache als »Austausch von Mitteilungen« Ökonomie definiert als »Austausch von Gütern und Dienstleistungen«.[256] Daß Güter aber, um überhaupt ausgetauscht werden zu können, zunächst produziert, d.h. der Natur durch Arbeit abgerungen werden müssen, fällt bei einer solchen Betrachtungsweise aus dem Gesichtskreis als ein den sozialen Kommunikationssystemen Transzendentes. Nur um den Preis der Eskamotierung des Naturverhältnisses wäre eine allgemeine Theorie der Kommunikation, wie die strukturale Anthropologie sie anstrebt, möglich.[257]

Unter derselben Prämisse der Verdrängung einer den unterschiedlichen sozialen Tauschbeziehungen inhärenten Intentionalität nimmt es nicht wunder, wenn die Wechselbeziehung, die das Verhältnis von Beobachter und beobachtendem Objekt kennzeichnet, ihrerseits als metaphorische Austauschbeziehung sich darstellt.

Lévi-Strauss hat die strukturale Analyse als einen Vorgang beschrieben, in dessen Verlauf die Produkte eines fremden Denkens – und je weniger diese geprägt sind von den Zwängen äußerer Notwendigkeit, desto besser eigneten sie sich als Gegenstände der Analyse[258] – dem Denken des Anthropologen als einer Vertrauensinstanz anheimgegeben werden, die den in einem fremdkulturellen Rahmen erfolgten Akt der Konzeptualisierung empirischer Phänomene in einem Prozeß der De- und Rekomposition des zu untersuchenden ethnographischen Materials genuin nachvollzieht und damit den beiden Formen des Denkens gleichermaßen zugrundeliegenden geheimen Code entschlüsselt. Der »Geist« des Wissenschaftlers wird somit das Medium einer Kommunikation zwischen einander polar entgegengesetzten kulturellen Sphären.

Die »bestimmten allgemeinen Merkmale des gesellschaftlichen Lebens« treten unter der Prämisse der Reduktion des »gesellschaftlichen Lebens« auf soziale Austauschbeziehungen als die Funktionsmechanismen des menschlichen Geistes hervor; ihre Bestimmtheit aber haben sie grundsätzlich daran, daß sie erkennbar sind erst durch einen Akt des intersozietären Austausches, wie er sich im Bewußtsein des

110

Anthropologen vollzieht. Das Denken denkend wird der Anthropologe als Mittler zwischen zwei Kulturen Garant der Identität des menschlichen Geistes.

In der Einleitung des ersten Bandes seiner *Mythologica* – ein Werk, in dessen Verlauf am Beispiel der strukturalen Analyse einiger hundert Mythen der Urbevölkerung Amerikas der Beweis erbracht werden sollte für eine allen Formen des menschlichen Denkens gleichermaßen zugrundeliegende Gesetzlichkeit – schreibt daher Lévi-Strauss:

»Denn wenn es das letzte Ziel der Anthropologie ist, zu einer besseren Kenntnis des objektiven Denkens und seiner Mechanismen beizutragen, läuft es letztlich auf dasselbe hinaus, wenn in diesem Buch das Denken der südamerikanischen Eingeborenen unter der Wirkung des meinigen Gestalt gewinnt oder das meine unter der Wirkung des ihrigen. Wichtig ist, daß der menschliche Geist, unbeschadet der Identität seiner gelegentlichen Boten, in diesen eine Struktur kundtut, die in dem Maße immer verständlicher wird, wie der doppelt reflektierte Gang zweier aufeinander einwirkender Denkweisen fortschreitet, von denen die eine hier, die andere dort der Docht oder Funken der Annäherung sein kann, aus denen ihre gemeinsame Erleuchtung aufflammen wird.«[259]

Auf der Ebene des Intelligiblen vermag der Anthropologe zwischen der eigenen und der fremden Kultur somit noch einmal ein System reziproker Beziehungen zu konstituieren, wie es nach dem Urteil von Lévi-Strauss auf der Ebene des Konkreten »für immer verspielt« erschien.[260] Insofern stellt er sich im Hinblick auf die eigene Gesellschaft als objektives »Symbol der Sühne« dar,[261] in universeller Perspektive aber als der Geist eines identitätslosen Allgemeinen.

*Der privilegierte Gegenstand*

Nach dem Urteil von Lévi-Strauss hat die strukturale Anthropologie mit der Thematisierung jener erkenntnistheoretischen Problematik eine Entwicklung präfiguriert, wie sie sich inzwischen auch in anderen wissenschaftlichen Disziplinen abzeichnet:

> »(. . .) sogar der Biologe und der Physiker sind sich heute mehr und mehr der sozialen Implikationen ihrer Entdeckungen bewußt, genauer gesagt, ihrer *anthropologischen Bedeutung*. Der Mensch begnügt sich nicht mehr damit, zu erkennen; je mehr er erkennt, desto mehr sieht er sich selbst als den Erkennenden (. . .).«[262]

Ausführlicher zu diskutieren wäre allerdings, weshalb jene »originelle Art, Probleme zu stellen«, aus der die Anthropologie ihren Anspruch auf Allgemeingültigkeit für alle Wissenschaften ableitet, gerade anläßlich der Untersuchung ethnographischer Sachverhalte hat entwickelt werden können. In parte liegt die Antwort bereits vor:

Als eine Wissenschaft, die sich »als strenge und methodische Verfahrensweise definiert, in deren Zentrum aber kein Gegenstand steht, der sie begründete«,[263] hat die »anthropologische Weltansicht« zu ihrer unabdingbaren Voraussetzung die primäre Konfrontation des Wissenschaftlers mit sozialen Phänomenen eines besonderen Typs: einerseits müssen sie als möglicher Ort subjektiver Erfahrung die Identifikation des Standpunkts des Beobachters mit dem des Beobachteten ermöglichen; andererseits muß aber ebensogut gewährleistet sein, daß der Wissenschaftler sich »objektiv« zu verhalten in der Lage ist. Unter allen Sozial- und Humanwissenschaften aber verfüge allein die Ethnologie, so Lévi-Strauss, über einen Gegenstandsbereich, der beide geforderten Voraussetzungen erfülle.

Die Daten, die die Ethnologie, sofern sie sich als ein »erster Schritt zur Synthese«[264] in geographischer, historischer oder systematischer Hinsicht darstellt, zu analysieren sucht, entstammen der ethnographischen Forschung. Als die schriftlich fixierten Resultate der »Arbeit im Gelände (field-work)« sind sie Produkt einer »gelebten Erfahrung«, die sich der Ethnograph »innerhalb einer Gruppe, die so klein ist, daß der Autor den größten Teil seiner Informationen selbst sammeln kann«,[265] erworben hat. Als Gegenstände der in synthetisierender Absicht erfolgenden Arbeit des Ethnologen aber sind sie durch einen Status relativer Autonomie gekennzeichnet, der sich der großen Distanz verdankt, in der sie sich in räumlicher, zeitlicher und wertkategorialer Beziehung vom Standpunkt des Wissenschaftlers aus darstellen. Anders als der Soziologe, der, weil in die sozialen Sachverhalte, die er untersucht, von jeher involviert, notgedrungen Stellung beziehen muß und in dessen Urteil dementsprechend bestimmte subjektive Momente einfließen, befände sich der Ethnologe gegenüber seinem Gegenstand in einer Position des praktischen »désintéressement«: So sehr die Gegenstände seiner Forschung seiner Einwirkung entzogen seien, so wenig unterlägen umgekehrt die Resultate seiner Untersuchung der unmittelbaren praktischen Verwertung.[266]

Die Forderung, daß der Sozialwissenschaftler diejenigen Sachverhalte, die seinen Untersuchungsgegenstand bilden, als eigenständige und isolierbare »Dinge« (choses) zu behandeln habe, um einen dem der Naturwissenschaften vergleichbaren Grad an Exaktheit und Objektivität der Analyse zu erreichen, ist nicht neu: Der Tradition des französischen Positivismus seit jeher inhärent,[267] findet sie sich ein erstes Mal explizit formuliert bei Emile Durkheim. Die Eigennatur der sozialen Phänomene in Rechnung zu stellen und ihre »Dinghaftigkeit« anzuerkennen, war ihm Bedingung der Möglichkeit, um die Soziologie aus der Bevormundung durch die spekulative Metaphysik zu befreien.[268] Kritisiert

Lévi-Strauss auch an Durkheim, daß er es nicht vermocht habe, die von ihm selbst geforderte notwendige Distanz zum Gegenstand zu gewinnen, so führt diese Einsicht jedoch nicht zu einer radikalen Revision des Begriffs der »fait social«. Im Gegenteil: seine Kritik an Durkheim, den er gerade deshalb als einen seiner wissenschaftlichen Vorläufer reklamiert,[269] weil er mit ihm den Objektbegriff und die Orientierung an der Methodik der Naturwissenschaften teilt, reduziert sich insoweit auf die plane Konstatierung, daß die von Durkheim an die von ihm entwickelten methodischen Postulate geknüpften Erwartungen im Rahmen einer die eigene Gesellschaft zu ihrem Untersuchungsobjekt nehmenden Soziologie sich nicht hätten erfüllen können. Lévi-Strauss erklärt vielmehr die Ethnologie zu demjenigen Teilgebiet der Sozialwissenschaften, in dem allein, bedingt durch den ihr eigenen großen Abstand zwischen Subjekt und Objekt, die Durkheimschen Forderungen hätten eingelöst werden können: Ähnlich wie der Astronom befände sich der Ethnologe in einer genügend weiten Entfernung zu seinem Gegenstand, um bestimmte »wesentliche Eigenschaften« entdecken zu können, »die weniger leicht erkennbar wären, wenn wir die Dinge aus größerer Nähe betrachten würden«.[270]

Mit seinem letzten größeren Werk, den *Formes élémentaires de la vie religieuse*, habe Durkheim denn auch – im Gegensatz zu der Geringschätzung, die er den ethnographischen Daten in seinen frühen Schriften entgegenbrachte – der Ethnologie den ihr gebührenden Tribut gezollt, so schreibt Lévi-Strauss an anderer Stelle.[271] Wollte man Durkheims Betonung der Dinghaftigkeit der sozialen Tatsachen jedoch mit Adorno als Versuch interpretieren, den »Zerfall des Kollektivbewußtseins aufzuhalten, der durch den Konflikt von Arbeit und Kapital drohe«[272] und von daher seine »Obsession« mit primitiven Verhältnissen (»sie sollen prototypisch für alles

Soziale sein«[273]) erklären, so ist es zweifellos signifikant, wenn Lévi-Strauss dort, wo er den Dingcharakter der ethnographischen Daten hervorhebt, die Tatsache, daß die Gesellschaften, denen traditionell das Augenmerk der Ethnologie gilt, als »authentische« – und das will heißen: nicht-entfremdete – beschrieben werden könnten, als ein weiteres Argument für die privilegierte Position der Ethnologie innerhalb der Sozialwissenschaften anführt. Seien sie von einer europazentrierten Wissenschaft auch seit jeher als »nicht-zivilisierte«, »schriftlose« oder »vorindustrielle« Gesellschaften e negativo definiert worden, so trügen sie ihr wahres positives Merkmal doch gerade darin, daß sie

»(. . .) auf Beziehungen von Menschen gegründet (sind), auf konkrete Beziehungen zwischen Individuen, die wichtiger sind als alle anderen (. . .) In dieser Hinsicht müßten eher die Gesellschaften des modernen Menschen durch ein negatives Merkmal definiert werden. Unsere Beziehungen zu anderen Menschen sind nur noch sporadisch und fragmentarisch auf diese umfassende Erfahrung, auf das konkrete Verständnis eines Subjekts für das andere gegründet.«[274]

»Nach dem Typus der unmittelbarsten Beziehungen konstruiert, für die die Verwandtschaft im allgemeinen das Modell abgibt«,[275] sei der Funktionsmechanismus dieser, im Gegensatz zu unseren eigenen, »nicht-authentischen«, zudem von ihrem Umfang her sehr kleinen Gesellschaften daher jedem einzelnen der Gesellschaftsmitglieder noch durchaus durchschaubar. Dieser Tatsache verdanke es wiederum auch der von außen hinzutretende Beobachter, daß er sie als »geschlossene Bedeutungssysteme« zu analysieren in der Lage ist. Insoweit unterscheide sich die »totale Objektivität«, wie sie die Anthropologie anstrebe, grundlegend von der Objektivität der anderen Sozialwissenschaften: Im Gegensatz etwa zu den Tatsachen der Wirtschaftswissenschaften (»Wert, Rentabilität, Grenznutzen oder maximale

Bevölkerung«[276]) könnten die »faits sociaux« der Ethnologie für sich in Anspruch nehmen, zugleich mit Rücksicht auf die subjektive »Erfahrungsebene« des Forschers Sinn zu haben. Denn insofern in den »primitiven« Gesellschaften, aufgrund der sie kennzeichnenden Authentizität der kommunikativen Beziehungen, die soziale Tatsache sich noch in einer jeweils individuellen Erfahrung verkörpert, bleibt sie subjektiv wie objektiv erfaßbar. Die »unerbittliche Suche nach einer totalen Objektivität« kann hier infolgedessen noch »auf einem Niveau vor sich gehen, wo die Phänomene eine menschliche Bedeutung behalten und – intellektuell und gefühlsmäßig – für ein individuelles Bewußtsein verständlich bleiben«.[277] Lévi-Strauss beruft sich in diesem Zusammenhang auf den von Marcel Mauss eingeführten Begriff des »phénomène social total«.

Im Anschluß an Malinowskis Beschreibung über das Potlatsch-System der Indianerstämme der amerikanischen Nord-West-Küste hat Marcel Mauss in seinem *Essai sur le don*[278] versucht, den Nachweis dafür zu erbringen, daß die einzelne soziale Tatsache in den »geschlossenen Gesellschaften« nur im Rahmen des gesellschaftlichen Ganzen verstanden werden könne. Der von ihm, in Erweiterung des Durkheimschen Begriffs der »fait social«, entwickelte Begriff des »phénomène social total« stellt sich dar als das Schlüsselwort der Theorie der Gegenseitigkeit der sozialen Handlungen im ursprünglichen »gesellschaftlichen Zustand«. Mauss interpretiert die auf unterschiedlichen Ebenen vor sich gehenden Austauschakte in den archaischen Gesellschaften als die verschiedenen Manifestationen ein und desselben »Systems der totalen Leistungen«, durch die dreifache Obligation des Gebens, des Nehmens und des Erwiderns gekennzeichnet. So heißt es z.B. über den Potlatsch:

»Denn der Potlatsch ist weit mehr als nur juristisches Phänomen, er ist eines jener Phänomene, die wir ›totale‹ zu nennen vorschlagen. Er ist religiös, mythologisch und schamanistisch, da die beteiligten Häuptlinge dabei die Vorfahren und Götter darstellen (. . .) Er ist ökonomisch (. . .) Der Potlatsch ist auch ein Phänomen der sozialen Morphologie: die Versammlung der Stämme, Clans und Familien, ja selbst Nationen erzeugt eine ungeheure Spannung und Erregung, man verbrüdert sich und bleibt einander doch fremd. Die äußerst zahlreichen ästhetischen Phänomene lassen wir dabei unberücksichtigt (. . .).«[279]

In die »Gabe« – dem »phénomène social total« schlechthin – fließe gleichsam ein Teil der seelischen Substanz des Gebenden ein; die Verpflichtung zur Annahme und zur Vollführung des Aktes in umgekehrter Richtung finde darin ihre Begründung. Reziprozität sei das Organisationsprinzip, das allen Austauschakten in archaischen Gesellschaften zugrunde liege: So stellt sich die Gegenseitigkeit dar als die ursprüngliche Form der Integration sozialer Sachverhalte zu einer Totalität, die, alle Ebenen sozialer Interaktion umfassend, sich auf der Ebene des Subjekts im je einzelnen Tauschakt realisiert.

Weiter oben war die These aufgestellt worden, daß die »bestimmten allgemeinen Merkmale des gesellschaftlichen Lebens«, die der Anthropologe zum eigentlichen Gegenstand habe, aus einem Tauschakt resultieren, der sich, über die Person des Wissenschaftlers, zwischen der fremden und seiner eigenen Gesellschaft konstituiert. Unter diesem Gesichtspunkt erweist sich die sehr eigenwillige Interpretation, die Mauss' Erweiterung des Durkheimschen Begriffs der »fait social« in Lévi-Strauss' Darstellung erfährt, ihrerseits als aufschlußreich.

Mauss hat, so schreibt Lévi-Strauss in der *Leçon inaugurale*, seiner Antrittsvorlesung am Collège de France, die Durkheim-Schule vor der zweifachen Gefahr des deduktiven Automatismus und der Entkörperlichung[280] bewahrt, und zwar vor allem dadurch, daß er darauf hinwies, daß auf eine Dekomposition des sozialen Ganzen in verschiedene Ebenen und die Zergliederung jener Ebenen in einzelne soziale Sachverhalte ein Akt der Rekomposition unmittelbar folgen muß. Mauss' geheime Kritik an Durkheim sei so zu verstehen, daß es nicht genügt, sich den »faits sociaux« als Sachen zu nähern, sondern daß sie ihre wahre Bedeutung vollständig erst dort enthüllen, wo man sie auf dem Hintergrund und im Zusammenhang des gesellschaftlichen Ganzen interpretiert. Die »Totalität« des Sozialen jedoch manifestiere sich erst in der gelebten Erfahrung:

> »Die sozialen Tatsachen reduzieren sich nicht auf verstreute Fragmente; sie werden von Menschen gelebt, und dieses subjektive Bewußtsein ist, ebenso wie ihre objektiven Merkmale, eine Form ihrer Realität.«[281]

Aus diesem Grund sei dem »Theoretiker« Mauss der »Praktiker« Malinowski an die Seite zu stellen, der durch das Postulat der »teilnehmenden Beobachtung« die menschliche Erfahrung in den Rang eines Prüfsteins für die Stimmigkeit des vom Ethnologen erarbeiteten Modells erhoben habe.

Die Anthropologie erweise sich mithin als die erste Wissenschaft, die dazu in der Lage sei, Diltheys Antinomie von naturwissenschaftlichem Erklären und geisteswissenschaftlichem Verstehen zu überwinden. Ihre Originalität bestehe insbesondere darin, daß sie, anstatt kausale Erklärung und Verstehen in Opposition zu belassen, einen Gegenstand entdeckte, der »objektiv sehr weit entfernt« und »subjektiv sehr konkret« sei. Die »Praxis« des Ethnographen: die »gelebte Erfahrung«, stelle sich insoweit als das unabdingbare Korrelat der theoretischen Analyse dar:

> »Die Untersuchung einer Gesellschaft beginnt mit einer Bestandsaufnahme der objektiven Elemente, die in die Darstellung eingehen: Territorium, Bevölkerungszahl, Wohnweise, Techniken,

Institutionen, Glaubensanschauungen etc. ... (Die ethnographische Methode) begnügt sich damit allein jedoch nicht, weiß man doch, daß diese Elemente für sich genommen nichts sind und Bedeutung erst in dem Maße erhalten, in dem sie sich wieder in eine gelebte Erfahrung einfügen.«[282]

Kommt auch in dem von Lévi-Strauss anläßlich seiner Antrittsvorlesung am Collège de France unternommenen Versuch einer Standortbestimmung der strukturalen Anthropologie der Seite der Analyse die Priorität zu – »die Möglichkeit, an sich selbst die inneren Erfahrungen des Anderen auszuprobieren, *ist nur eines der verfügbaren Mittel*, jene letzte empirische Befriedigung zu erhalten, nach der sowohl die Naturwissenschaften wie die Wissenschaften vom Menschen das Bedürfnis verspüren: vielleicht weniger ein Beweis als eine Garantie«[283] –, so erklärt er in dem wenige Jahre zuvor erschienenen Aufsatz »Zur Stellung der Anthropologie in den Sozialwissenschaften« die Rolle, die die Erfahrung der Feldarbeit in der Lebensgeschichte eines jeden Ethnologen einnimmt, zur Conditio sine qua non jeglichen anthropologischen Forschens. Lévi-Strauss beschreibt hier die »ethnographische Erfahrung« in den Metaphern einer »psychologischen Verwandlung«, die er mit der Erfahrung der Lehranalyse vergleicht:

»(. . .) wie beim Psychoanalytiker kann das Experiment gelingen oder scheitern, und keinerlei Prüfung, sondern nur das Urteil erfahrener Mitglieder des Berufs, deren Werk bestätigt, daß sie selbst dieses Kap (!) erfolgreich umsegelt haben, kann entscheiden, ob und wann der Kandidat für den anthropologischen Beruf bei der Arbeit im Gelände jene *innere Umwälzung* vollzogen hat, die aus ihm *wahrhaftig* einen *neuen Menschen* macht.«[284]

Das Spezifikum jener zweiten Sozialisation, der sich der zukünftige Wissenschaftler in der Feldarbeit unterziehen muß, steht in innigem Zusammenhang zu dem, was Lévi-Strauss als den »besonderen Charakter und das Hauptverdienst« der Ethnologie beschreibt:

»(. . .) daß sie in allen Formen des sozialen Lebens zu isolieren sucht, was wir die *Ebenen der Authentizität* genannt haben (. . .) solche Formen sozialen Lebens lassen sich niemals von außen erkennen. Um sie erfassen zu können, muß es dem Forscher gelingen, für sich die Synthese zu rekonstruieren, die jene charakterisiert, das heißt, er darf sich nicht damit begnügen, sie in Elemente zu zerlegen, sondern muß sie sich in ihrer Totalität in Form seiner eigenen Erfahrung aneignen.«[285]

Der Feldarbeit wird somit eindeutig der Charakter einer Initiation zugeschrieben, die den ersten »rite de passage«, welchen die theoretische Ausbildung darstellt, nicht nur ergänzt, sondern an Bedeutung weit übersteigt. Denn erst dem »neuen Menschen«, der sich dieser physisch bisweilen, psychisch aber in jedem Fall schmerzhaften Prozedur[286] unterzogen hat, eröffnet sich am Ende seines Weges das Feld der wahren Erkenntnis:

»(. . .) vorher kann er unzusammenhängende Erkenntnisse besitzen, die niemals ein Ganzes bilden; erst nachher lassen diese Erkenntnisse sich als ein organisches Ganzes begreifen und bekommen plötzlich einen Sinn, der ihnen vorher fehlte.«[287]

# Anmerkungen

1 Claude Lévi-Strauss (im folgenden: Cl. L.-S.) 1975, S. 48.
2 G. Devereux 1973, S. 115.
3 Vgl. H.H. Ritter 1970, S. 113.
4 Emphatisch etwa das Urteil Georges Batailles: »Endlich ein Wissenschaftler, der sich Gedanken macht, und zwar nicht diesseits, sondern jenseits der Grenze, die die Wissenschaft ihm setzt.« G. Bataille 1956, S. 103. – Susan Sontag 1970, S. 187, nennt *Tristes Tropiques* »eines der großen Bücher unseres Jahrhunderts«. – Zur literarischen Rezeption vgl. ferner E. Donato 1966; J. Duvignaud 1958; M. Leiris 1956; G. Picon 1961.
5 Vgl. C. Backès-Clément 1970, S. 151.
6 Cl. L.-S. 1978, S. 31.
7 Ebd., S. 37.
8 Ebd.
9 Ebd., S. 65.
10 Vgl. ebd., S. 65 f.
11 Vor dem Hintergrund der ökonomischen Entwicklung der Epoche hat Joachim Moebus den Umschlag der in die »Neue Welt« zunächst gesetzten (obschon auch hier durchaus ambivalenten) utopischen Projektionen einzelner Entdeckungsreisender in die plane profitorientierte Taxonomie der vorgefundenen natürlichen Ressourcen, unter die alsbald auch die Arbeitskraft der Eingeborenen gerechnet wurde, am Beispiel von Kolumbus' Tagebucheintragungen dargestellt. Diese Arbeit könnte im Ansatz Cl. L.-S.' mythologisierender Darstellung der der kolonialen Expansion des 16. Jh. angeblich zugrundeliegenden Bedürfnisse und Triebkräfte – auf sie wird

in anderem Zusammenhang einzugehen sein – gegenüberge-
stellt werden. Vgl. J. Moebus 1973.

12 Cl. L.-S. 1978, S. 37.

13 Vgl. J. Haekel 1947 und R. Benedict 1922.

14 Zur Unterscheidung profan/sakral vgl. A. van Gennep 1964,
S. 383: »Das Sakrale ist tatsächlich kein absoluter, sondern ein
den verschiedenen Situationen entsprechender Wert. Ein
Mann, der bei sich zu Hause in seinem Klane lebt, lebt in einer
profanen Welt; er lebt aber in einer sakralen Welt, sobald er sich
auf Reisen begibt und sich in seiner Eigenschaft als Fremder in
der Nähe des Lagers von Unbekannten befindet. «

15 Vgl. insbesondere Cl. L.-S. 1978, S. 369 ff. – ein Thema, das
Cl. L.-S. in der anläßlich seiner Aufnahme in die Académie
Française gehaltenen Rede wieder aufgegriffen hat. Die Rede
liegt gedruckt vor in *Le Monde* vom 28. Juni 1974; dazu vgl.
weiterhin: La réponse de M. Roger Caillois, ebd.

16 Cl. L.-S. 1978, S. 33 f.

17 Ebd., S. 34. Zum »Verständnis dieser Modeströmung« und
zur Erklärung der »mächtigen psychischen Kräfte«, die
sowohl bei den Forschern selbst, wie bei ihrem Publikum (. . .)
am Werk sind«, bedarf es allerdings nicht unbedingt des Rück-
griffs auf »bestimmte primitive Institutionen« (ebd., S. 33); zu
der mit späteren Phasen der kolonialen Expansion entstandenen und unter den Begriff des »bürgerlichen Heros« zu subsu-
mierenden Traditionsgrundlage vgl. J. Moebus 1976.

18 Cl. L.-S. 1978, S. 34.

19 Ebd., S. 35.

20 Ebd., S. 31.

21 Cl. L.-S. 1955b, S. 4.

22 Cl. L.-S. 1978, S. 35.

23 Ebd.

24 Ebd., S. 68.

25 Daß der Reisende nunmehr dazu »verdammt« sei, »seine Entdeckungen auf breitgetrampelten Pfaden zu machen«, konstatierte bereits J. Conrad 1963, S. 84. – Zur Tradition dieses
Topos als eines schon in der Kolonialliteratur des 19. Jh. gängi-
gen Stereotyps vgl. J. Moebus 1976, S. 240 f., Anm. 42.

26 Cl. L.-S. 1978, S. 35.

27 Ebd., S. 377.

28 Cl. L.-S. 1978, S. 9.

29 Vgl. Cl. L.-S. 1967b, S. 388–390.

30 Vgl. Cl. L.-S. 1978, S. 35.
31 S. Sontag 1970, S. 189.
32 Ebd., S. 192.
33 Cl. L.-S. 1978, S. 38.
34 Cl. L.-S. 1967b, S. 400; ferner Cl. L.-S. 1975, S. 24f., S. 47f.;
   1974, S. 23.
35 Vgl. R. Caillois 1954/1955.
36 »(Der Ethnograph) wird nie mehr als derselbe zurückkehren,
   der er vor seinem Aufbruch war. (. . .) die brutalen Veränderungen, denen er sich ausgesetzt hat, lassen ihn zum *Opfer
   einer chronischen Entwurzelung werden*: nie mehr wird er sich
   irgendwo zu Hause fühlen, er bleibt psychologisch verstüm-
   melt. Im Unterschied zum Forschungsreisenden oder Touri-
   sten setzt der Ethnograph, wenn er reist, seine eigene Stellung
   in der Welt aufs Spiel: er überschreitet deren Grenzen. Er
   bewegt sich zwischen dem Land der Wilden und dem der Zivilisierten nicht einfach hin und her: in welche Richtung er auch
   immer aufbricht, *er kehrt zu den Toten zurück*. Indem er seine
   eigenen Überzeugungen und Traditionen dem Prüfstein einer
   sozialen Erfahrung unterzieht, die sich nicht auf die seine reduzieren läßt, indem er seine Gesellschaft wie einen Leichnam
   seziert, *wird er auch selbst, für seine eigene Welt, zu einem Toten*;
   und wenn ihm die Rückkehr dennoch gelingt, nachdem er die
   zerstreuten Glieder seiner eigenen kulturellen Tradition wieder zusammengefügt hat, wird er gleichwohl ein Wiederaufer-
   standener bleiben. Die Anderen, die Menge der Kleinmütigen
   und Zuhausegebliebenen, werden diesen *Lazarus* fortan mit
   gemischten Gefühlen betrachten, mit Neid und Entsetzen.
   Indes sind es in Wahrheit doch sie, die sich in unauflösbare
   Widersprüche verstricken werden: wenn sie ihn um das
   *geheime Wissen* beneiden, das er sich zu einem solch hohen
   Preis erworben hat; wenn sie ihn anflehen, auch sie daran teilhaben zu lassen; wenn sie ihm ständig seine eigene Stärke und
   ihre Schwäche zum Vorwurf machen.« (. . .) Cl. L.-S. 1955a,
   S. 1217f. (Hervorhebungen vom Verf.). Zur Initiation des
   Schamanen vgl. L. Vajda 1964, S. 265–295. Nach Vajda besteht
   ihr »Kernstück« im mystischen Tod und in der anschließenden
   Wiederbelebung des Novizen: in einer ekstatischen Vision
   erlebt er, »wie die Geister seinen Körper zerschneiden (mei-
   stens zerreißen sie den Körper an Gelenken, in die sie eiserne
   Haken getrieben haben), um dann die gereinigten Gebeine mit

frischem Fleisch zu bedecken und den Novizen wiederzubeleben« (ebd., S. 278). Doch auch nach seiner Wiederauferstehung bleibt der Schamane ein vom Tod Gezeichneter: »Der Typ des Schamanenkostüms stellt bei den Burjaten und den Jakuten das Skelett einer Person dar, als welche bei den Jakuten ausdrücklich der Unterweltsfürst bezeichnet wird.« (W. Schmidt 1955, S. 748) – Nach M. Eliades, wenn auch ihrerseits mythologisierender, so doch bezüglich Cl. L.-S.' Selbstdarstellung höchst aufschlußreicher Interpretation stellt die Jenseitsreise des Schamanen, die ihm die Ausübung seiner verschiedenen magischen Funktionen ermöglicht, eine Rückkehr in den »uranfänglichen Zustand der ganzen Menschheit« dar: »(...) das mythische Erlebnis des *Primitiven* [ist] eine Rückkehr zu den Ursprüngen, in die mystische Zeit des verlorenen Paradieses.« (M. Eliade 1957, S. 449) – Zur Analyse des vor allem bei den sibirischen Völkern verbreiteten schamanistischen Vorstellungskomplexes vor dem Hintergrund der ökonomischen Subsistenzgrundlagen einer Jägergesellschaft siehe U. Enderwitz 1977, S. 246: »Der Hauptwiderspruch, mit dem die Jägervölker sich konfrontiert sehen müssen, ist der zwischen dem ihrem Selbsterhaltungsinteresse gemäßen Interesse an einer ungestörten Reproduktion ihrer Beutetiere und dem dies Interesse stets sabotierenden Erfordernis der realen Selbsterhaltung. Diesem in der Tat unauflöslichen Widerspruch begegnen sie durch die Vorstellung einer Wiederbelebung des erlegten Tieres aus seinen Knochen. (...) Mit der (...) Überzeugung aber, ›daß die Knochen das materielle Substrat darstellen, zu dem der Waldgeist das geistige Leben des Tieres dessen *Seele* hinzugibt‹ (...), verwandelt sich nun das, was an sich bloßer, Tod und Vernichtung ostendierender Restbestand ist, ins glatte Gegenteil seiner selbst, nämlich in die prima essentia eines Leben bedeutenden und im Moment seiner ums Fleisch erweiterten Reproduktion sich unerschöpflich behauptenden Grundkapitals.« Hieran anschließend unternimmt Enderwitz den Versuch, die Skelettierung des »als Repräsentant der Gruppe mit den beiden zentralen Aufgaben einer Abwehr von Krankheit und einer Sicherung des Bestands der Beutetiere« beauftragten Schamanen (ebd., S. 247) als ein Paradigma der der gleichen Verwechslung der »skeletthaftkategorialen Grundstruktur« mit dem eigentlich Essentiellen aufsitzenden strukturalen Reduktion zu lesen. Diese, dem ersten Anschein nach gewagte, Analogisierung widerspricht, wie es obiges Zitat deutlich macht, keineswegs dem Selbstverständnis von Cl. L.-S. – Zu der, vermutlich ebenfalls unter dem Einfluß schamanistischer Vorstellungen entstandenen, parmenideischen Tradition des »Mythos des Weges«, der den Eingeweihten zum »unveränderlichen Sein« führt, und den gegangen zu sein, ihn über die »blöde«, »doppelköpfige« Menge erhebt, vgl. K. Heinrich 1964, S. 15 und S. 164. In der Figur des »welterfahrenen« Ethnographen scheint sie von Cl. L.-S. wieder aufgenommen zu werden. Vgl. dazu H. Lefèbvre 1966.

37 Die folgenden Bemerkungen beziehen sich in erster Linie auf ihre als empirische Sozialwissenschaft sich verstehende angelsächsische »sozialanthropologische« Variante, in deren Tradition auch die »strukturale Anthropologie« von Cl. L.-S. sich ansiedelt, weniger indes auf ihre unter die Bezeichnungen »Evolutionismus«, »Diffusionismus«, »kulturhistorische Schule« etc. subsumierten spekulativen Spielarten.

38 Soziologische Begriffe wie »gens« oder »phratrie« werden darüber hinaus in der neueren ethnologischen Literatur in dem Maße, in dem sie als historische an Eindeutigkeit verloren haben, durch unzweideutig-mathematische ersetzt. Zur genaueren Definition der angeführten Begriffe vgl. R. Fox 1967.

39 B. Malinowski 1961, S. 35 f.

40 F. Kramer o. J., S. 1.

41 Ebd.

42 Erinnert sei an die Verwendung des »Feld«-Begriffs in der Physik: »Der Begriff des *Feldes* wird in der Physik verwandt, um zu zeigen, ›daß für die Beschreibung physikalischer Phänomene weder die Ladungen noch die Teilchen, sondern das Feld zwischen den Ladungen und den Teilchen wesentlich ist‹.« (Artikel »Field« in: Gould, J. u. Kolb, W. K. 1964, S. 270).

43 Vgl. J. Beattie 1972, 78 ff. und M. Freilich 1970. Freilich (ebd., S. 14) erzählt ironisierend vom »Leuchten in den Augen« der »professionals«, sobald im privaten Kreise das Gespräch auf die »field-work« kommt.

44 M. Freilich 1970, S. 19 ff.

45 Vgl. J. Beattie 1972, S. 83.

46 Vgl. E. E. Evans-Pritchard 1968.1, S. 6. Zur Rolle der britischen Ethnologen der 30er Jahre als »Funktionären der Kolonialpolitik« vgl. G. Leclerc 1973, S. 62 ff.

47 E.E. Evans-Pritchard 1968a, S. 19.
48 Ebd., S. 16.
49 Ebd., S. 13.
50 Ebd., S. 14.
51 Den Rückkopplungseffekt eines solchen Legitimationszwanges auf die Darstellung der empirischen Daten eingehender zu untersuchen kann hier nicht der Ort sein.
52 E.E. Evans-Pritchard 1972, S. 64–85.
53 Ebd., S. 76.
54 Zur Unterdrückung persönlicher Erfahrungen in der klassischen ethnologischen Monographie vgl. u.a. R. Wax 1971 und M. Freilich 1970, S. 27 f.
55 A.R. Radcliffe-Brown 1964, S. 231.
56 Ebd. (Hervorhebungen vom Verf.).
57 Ebensowenig wie darüber, was hier als »unmittelbares Wissen« fungiert, eine Frage, die in größerem Zusammenhang zu untersuchen wäre.
58 B. Malinowski 1979a, S. 24.
59 Ebd., S. 26.
60 Vgl. E. Leach 1966, S. 560 f.
61 Vgl. J. Beattie 1972, S. 82: »Für einen in einer urbanen Kultur geborenen und aufgewachsenen westlichen Anthropologen kann dies zu einer lebhaften, fast traumatischen Erfahrung werden«; E.R. Leach 1971, S. 1: »(. . .) eine extrem persönliche, traumatische Art von Erfahrung (. . .)«; G. Devereux 1973, passim.
62 »In erster Linie ist es ein intellektuelles Schockerlebnis, sich in eine völlig andere gesellschaftliche Situation hineinzubegeben, und sich ganz und gar von der Eingeborenenbevölkerung abhängig zu machen (. . .). Es ist zugleich aber auch ein emotionaler Schock, gilt es doch alle möglichen gefühlsmäßigen Probleme zu überwinden, wenn man in einer fremden Gesellschaft leben will.« I.C. Jarvie 1972, S. 30 f.; vgl. ferner E. Wulff 1969.
63 B. Malinowski 1986. Das Tagebuch enthält Aufzeichnungen aus den Jahren 1914 und 1917/18.
64 E.R. Leach 1966, S. 560.
65 Vgl. Kardiner, A. und Preble, E. 1974, S. 163 ff.
66 »Es ist bemerkenswert, wie Verkehr mit Weißen (. . .) es mir unmöglich macht, Tagebuch zu schreiben.« B. Malinowski 1986, S. 215.

67 Ebd., S. 97. – Entsprechende Versäumnisse quittiert Malinowski jeweils mit einer Flut von Selbstrechtfertigungen: »Sonntag, 25. Gestern machte ich keine Eintragung (*sehr schlimm!*). Aber dies ist vielleicht durch die Tatsache gerechtfertigt, daß ich am Freitag die Ereignisse von Freitag festgehalten habe. Jetzt muß ich über die gestrigen Ereignisse berichten.« Ebd., S. 119.
68 Ebd., S. 235.
69 Ebd., S. 111. – Charakteristisch für Malinowskis Landschaftsbeschreibungen erscheint der Solipsismus, mit dem er die Welt zur Bühne erklärt, die ihre Bedeutung erst mit dem Auftritt des Helden erhält; vgl. z.B. auch ebd., S. 221 f.
70 Eine Erklärung für die von Malinowski in seinen Trobriander-Monographien vorgenommene Romantisierung des Eingeborenenlebens könnte gerade in dieser Tatsache zu suchen sein.
71 Vgl. ebd., S. 120 und S. 219: »Ich darf Gedichte lesen und ernste Dinge, aber ich muß lausige Romane absolut meiden. Und ich *sollte* ethnographische Werke lesen.«
72 M. Harris 1969, S. 548.
73 So bleibt Malinowski z.B. die Erklärung schuldig, weshalb trotz der von ihm behaupteten sexuellen Libertinage der Unverheirateten und trotz einer angeblichen Unkenntnis von Abtreibungstechniken die Zahl unehelicher Kinder auf den Trobriand-Inseln so gering ist (B. Malinowski 1979b, S. 144). – Zu den einander befruchtenden Phantasietätigkeiten von Ethnographen und Informanten vgl. Malinowskis Darstellung des »Yausa«-Brauches (ebd., S. 241 ff.), – einer Sitte, derzufolge die Frauen im südlichen, von ihm nicht besuchten Teil der Insel Kiriwana das Recht hatten, jeden Fremden, der sie bei der ihnen allein vorbehaltenen Arbeit des Jätens der Felder störte, zu überwältigen und sexuell zu gebrauchen. Offenherzig berichtet Malinowski, daß er die Erwähnung dieses Brauches, den seine Informanten selbst nur vom Hörensagen kannten, einmal als Mittel verwendete, um sie zum Reden zu bringen und wie ihm selbst angesichts der so initiierten Gespräche die Gedanken an einen Abbruch seiner Arbeit und eine Rückkehr in die Zivilisation spontan verflogen. Allerdings verzichtete er dann doch darauf nachzuprüfen, ob dieser Brauch wirklich existierte. Höchst aufschlußreich für die Erwartungen, die er in seine Tätigkeit als Ethnograph setzte, erscheint aber,

wie er diesen Verzicht zu begründen sucht: »Wäre ich persönlich hingereist, so wäre ein negatives Ergebnis in ethnologischer Beziehung enttäuschend und ein positives entschieden unerfreulich gewesen; ich gab es also auf.« (Ebd., S. 243)

74 B. Malinowski 1986, S. 224.

75 Nach Malinowskis eigener Darstellung empfanden die Trobriander entsprechend ihren ästhetischen Kategorien die Europäer als ausnehmend häßlich. Vgl. B. Malinowski 1979b, S. 262.

76 Vgl. H.A.C. Cairns 1965 (insbes. Kap. 3), S. 35ff.

77 Freud hatte den Begriff der Abwehr zunächst zur Bezeichnung aller Reaktionen des Ich auf peinliche und unerträgliche Vorstellungen und Affekte eingeführt (vgl. »Die Abwehr-Neuropsychosen« und »Zur Ätiologie der Hysterie«, beide in: Freud 1940, Bd. I), ihn später aber wieder fallenlassen und durch den Begriff der Verdrängung ersetzt. Die hier verwendete Terminologie orientiert sich an der endgültigen Bestimmung des Verhältnisses von »Abwehr« und »Verdrängung«, wie sie Freud schließlich in »Hemmung, Symptom und Angst« vorgenommen hat: »Ich meine nun, es bringt einen sicheren Vorteil, auf den alten Begriff der Abwehr zurückzugreifen, wenn man dabei festsetzt, daß er die allgemeine Bezeichnung für alle die Techniken sein soll, deren sich das Ich in seinen eventuell zu Neurosen führenden Konflikten bedient, während Verdrängung der Name einer bestimmten solchen Abwehrmethode bleibt, die uns infolge der Richtung unserer Untersuchungen zuerst besser bekannt geworden ist.« (S. Freud 1940, Bd. XIV, S. 196). Die Verdrängung stellt also nun einen »Spezialfall der Abwehr« dar (vgl. A. Freud 1972, S. 35).

78 B. Malinowski 1986, S. 222.

79 Ebd., S. 245.

80 Ebd., S. 247.

81 Vgl. ebd., S. 111: »Abends im Bett . . . ich dachte, daß E.R.M. die einzige ist, die ich wirklich physisch liebe.« Die »von der reaktionären Romanliteratur hochgezüchtete und von den Verlegern zu Profitzwecken ausgenützte sexuelle Sentimentalität«, schreibt W. Reich, »setzt die Hemmung der Endbefriedigung voraus, bedeutet eine ins Unendliche entrückte Erfüllung der orgastischen Befriedigung und die ewige Sehnsucht nach ihr, deren unzureichender Ersatz sie ist.« (W. Reich

1972, S. 42). Es entbehrt nicht einer hintergründigen Ironie, wenn Wilhelm Reich diese Feststellung, die Malinowskis Beziehung zu seiner Verlobten treffend kennzeichnet, im Zusammenhang seiner Rezeption von *The Sexual Life of Savages* trifft.

82  B. Malinowski 1986, S. 239.

83  Ebd., S. 238.

84  Ebd., S. 244.

85  Vgl. G. Leclerc 1973, S. 37 ff.

86  B. Malinowski, »The Rationalisation of Anthropology and Administration«; in: *Africa*, Vol. III (1930), zit. nach G. Leclerc 1973, S. 39.

87  Ebd.

88  Die Lebensgeschichte des deutschen Ethnologen Curt Unkel kann als Beispiel für die Realisierung einer solchen Möglichkeit angesehen werden. Unkel ließ sich 1906 in den Stamm der Apapócuva-Guarani (Brasilien) aufnehmen und verbrachte die Jahre bis zu seinem Tode (1945) mit kurzen Unterbrechungen unter den Indianerstämmen des Gran Chaco und des Mato-Grosso-Gebietes. Wissenschaftliche Publikationen signierte er mit seinem indianischen Initiationsnamen Nimuendajù. Vgl. H. Baldus 1946.

89  Vgl. hierzu die von Anna Freud entwickelte Kategorie der »Triebabwehr aus Über-Ich-Angst«, deren Ursachen sie mit Robert Waelder in einer Gefährdung des Ich sucht, »in seiner Organisation zerstört, überflutet zu werden«. (A. Freud 1972, S. 47).

90  B. Malinowski 1986, S. 151. Vgl. ferner ebd., S. 232: »Ethnographische Fragen beschäftigen mich gar nicht. Im Grunde lebe ich außerhalb Kiriwanas, wenngleich mit starkem Haß auf die *Niggers*.«

91  Ebd., S. 104 f.

92  Ebd., S. 111.

93  Die während seiner Feldforschungen erfahrenen Eindrücke scheinen erst nach seiner Rückkehr nach Europa einer unvoreingenommeneren und bewußten Reflexion zugänglich. Offensichtlich findet am Beispiel Malinowskis die von Evans-Pritchard aufgestellte These von der notwendigen Latenzzeit, die zwischen der aktuellen Erfahrung und ihrer wissenschaftlichen Aufarbeitung einzuschieben sei, eine weitere Bestätigung (s.o.). Aus diesem Grunde wage ich es hier auch nicht zu

beurteilen, inwiefern die Schwierigkeiten, die Malinowski aus seiner Situation erwuchsen, Rückschlüsse auf den objektiven Wert der von ihm gelieferten Daten zulassen. (Vgl. allerdings die in Anm. 73 an seiner Darstellung des »Yausa«-Brauches angemeldete Kritik.)

94 Zit. nach Leclerc 1973, S. 39. Beispielhaft für den Widerstand, den Malinowskis intime Eingeständnisse seiner Feldarbeitsprobleme auch heute noch in der professionellen Ethnographie hervorrufen, ist Ian Hogbins Rezension von *A Diary in the Strict Sense of the Term*, vgl. I. Hogbin 1968. Er schreibt (S. 575): »Meiner Ansicht nach ist dieses Buch für niemanden von Interesse, gleichgültig ob es sich um einen Anthropologen, einen Psychologen, einen Biographen oder auch nur um eine Klatschbase handelt. Weshalb die Tagebücher überhaupt gedruckt worden sind, wird wohl das Verlagsgeheimnis dieses Jahrzehnts bleiben.«

95 E.E. Evans-Pritchard 1972, S. 72.

96 Hierzu wie zum folgenden vgl. ebd., S. 64–85, und R. Wax 1971, S. 28 ff.

97 Zu Adolf Bastian vgl. R.H. Lowie 1937, S. 30–38. »Es ist in der Tat überraschend«, konstatiert Evans-Pritchard (1972, S. 71 f.), »daß – mit Ausnahme von Morgans Erforschung der Irokesen – bis zum Ende des 19. Jahrhunderts kein einziger Anthropologe Feldarbeit betrieben hat.« Im Gegensatz zu Evans-Pritchard und Lowie (ebd., S. 54–68) behauptet allerdings M. Harris: »(...) selbst Morgans Arbeit bei den Irokesen würde kaum als wirkliche Feldforschung gelten, bemäße man sie nach modernen Standards; denn sie schloß keinen stetigen und längerwährenden Kontakt mit dem Alltagsleben einer gegebenen Lokalgemeinschaft ein.« (Harris 1969, S. 169). Unter die vor allem für die Fortentwicklung ethnologischer Theorie, weniger aber für die Ausbildung der Feldforschungstechnik bedeutenden Forschungsarbeiten wären ferner Carl Strehlows Untersuchungen der Eingeborenengesellschaften Australiens zu rechnen.

98 Vgl. E.E. Evans-Pritchard 1972, S. 72 f. und R.H. Lowie 1937, S. 89.

99 So wurde etwa Boas' Expedition nach Baffin-Land vom »Berliner Tageblatt« finanziert; sie sollte insbesondere dem Sammeln geologischer Daten dienen. Boas war, ebenso wie Haddon, Rivers und auch Malinowski, ausgebildeter Naturwis-

senschaftler. Für Boas' berufliche Umorientierung scheint seine Kontaktaufnahme zu den Eskimos von Baffin-Land das Schlüsselerlebnis dargestellt zu haben. (Vgl. R.H. Lowie 1937, S. 129).

100 R. Wax 1971, S. 30.

101 »(. . .) es gilt festzuhalten, daß die Beherrschung der Sprache eine unverzichtbare Voraussetzung ist, um genaue und gründliche Kenntnisse zu erwerben. Viele Informationen kann man nur dann erhalten, wenn man den Gesprächen der Eingeborenen zuhört und an ihrem täglichen Leben teilnimmt; diese Form des Zugangs wird jedem Beobachter verschlossen bleiben, der die Sprache nicht beherrscht.« (F. Boas, *Handbook of American Indian Language*, Washington 1911, S. 60, zit. nach R.H. Lowie 1937, S. 132).

102 F. Boas 1969, S. 172.

103 Zur Bedeutung von F. Boas für die Entwicklung der amerikanischen Kulturanthropologie vgl. u.a. R.H. Lowie 1937, S. 128–155. Die Tatsache, daß Boas von der britischen Anthropologie kaum rezipiert wurde, erklärt Phyllis Kaberry damit, daß es ihm nicht gelungen sei, »eine detaillierte funktionale Analyse zu erstellen«. (Ph. Kaberry, »Malinowski's Contribution to Field-work Methods and the Writing of Ethnography«; in: R. Firth (Ed.) 1970 (S. 71–91), S. 73).

104 Zu erwähnen wären Spencers und Gillens Forschungen unter den australischen Aboriginals (1894), Rivers Aufenthalt unter den Todas (1902 bis 1903) und vor allem Radcliffe-Browns Untersuchungen der Sozialstrukturen der Andaman-Islanders (1906–1908).

105 Der Gebrauch dieser Kunstsprache bot häufig Anlaß zu eklatanten Mißverständnissen. Treffend demonstriert dies Theodor G.H. Strehlow, wenn er in seiner Einleitung zu *Aranda Traditions* versucht, Shakespeares *Macbeth* in Pidgin-English wiederzugeben und dadurch deutlich macht, welche inhaltlichen Verzerrungen die Mythen der Eingeborenen dort erfahren mußten, wo der Forscher ihre Sprache nicht beherrschte. (Vgl. Th.G.H. Strehlow 1947, S. XVIIIf.).

106 B. Malinowski 1979a, S. 28f.

107 Ebd., S. 29.

108 I.C. Jarvie 1972, S. 2.

109 B. Malinowski, *Myth in Primitive Psychology*, London 1926, S. 126f., zit. nach Jarvie 1972, S. 2/3 (dt. in: Malinowski 1973, S. 128f.)

110 B. Malinowski 1979a, S. 27.

111 Ebd., S. 49.

112 Vgl. hierzu A. Kardiner u. E. Preble 1974, S. 164 ff. und R. Firth (Ed.) 1970, passim.

113 »Um 7.30 Saville besucht. (. . .) Wir sprechen über den Krieg; taktlos sagt er: ›*Ich frage mich, warum Sie nicht interniert sind.*‹« Ich antworte ziemlich scharf. (. . .) Ich ging im Zustand leichter Verärgerung nach Hause.« B. Malinowski 1986, S. 125.

114 »Die politischen Ereignisse beunruhigen mich nicht; ich versuche, nicht daran zu denken. Ich habe hochgespannte Hoffnungen, daß Polens Schicksal sich bessern werde.« Ebd., S. 24.

115 »Dann wurde ich wieder von Trägheit übermannt – hatte kaum genügend Willenskraft, um die Conrad-Erzählung zu Ende zu lesen. Überflüssig zu sagen, daß eine furchtbare Melancholie, grau wie der Himmel um mich her, an den Rändern meines inneren Horizonts kreiste. Ich riß die Augen von dem Buch los und konnte es kaum glauben, daß ich hier friedlich saß, während *dort hinten* (in Europa) schreckliche Dinge passierten.« Ebd., S. 56. – »Wie ein unsichtbarer Alptraum lasten Mutter, der Krieg in Europa auf mir.« Ebd., S. 61.

116 Ebd., S. 231 f.

117 »Gestern hatte ich, zusätzlich zu meinen eigenen Schuldgefühlen, ein besonderes gegenüber E.R.M.: ich vergeude Zeit, während es meine Pflicht ihr und ›unseren Kindern‹ gegenüber ist, so hart wie möglich zu arbeiten und mir selbst gegenüber ›Stellung‹ zu beziehen – jemand zu sein, der wirklich etwas geleistet hat; *mein Zeichen in dieser Welt zu setzen.*« Ebd., S. 243. – »Wenn ich an meine Arbeit denke oder Arbeiten oder die Revolution, die ich in der Sozialanthropologie bewirken möchte – das ist ein wahrhaft schöpferischer Ehrgeiz.« Ebd., S. 252 (eigene Übersetzung nach dem Original).

118 Siehe oben, Anm. 90 ff.

119 B. Malinowski 1979 b, S. 17.

120 W. Lepenies u. H.H. Ritter (Hg.) 1970, S. 43.

121 Siehe oben, S. 53.

122 Siehe oben, S. 59.

123 Vgl. E.E. Evans-Pritchard, »Sozialanthropologie gestern und heute«; in: Ders. 1968, S. 14 ff.; ferner: E.E. Evans-Pritchard 1972, passim.

124 E.E. Evans-Pritchard 1972, S. 81 f. (Hervorhebung v. Verf.).

125 »Zu welchen Ergebnissen man bei der Untersuchung eines primitiven Volkes gelangt, rührt letztlich nicht nur von den verstandesmäßigen Eindrücken her, die man vom Leben der Primitiven gewinnt, sondern es hängt ebenso davon ab, wie dieses Leben den Beobachter *als ganzen Menschen und in seiner Gesamtpersönlichkeit prägt.*« (Ebd., S. 81)

126 E. Leach 1966.

127 E. E. Evans-Pritchard 1972, S. 82.

128 Ebd., S. 79 und S. 80.

129 »Social Anthropology sollte man eher als eine Kunst ansehen, und nicht als eine Naturwissenschaft.« (Ebd., S. 85).

130 Claude Lévi-Strauss 1975, S. 52.

131 Ebd., S. 48.

132 Ebd., S. 47 f. – Die strukturalistische Epistemologie steht also in engem Konnex mit der Eigenart des von Cl. L.-S. hier entwickelten Begriffs der ethnographischen Erfahrung (vgl. V. Kap., 3. Abschnitt).

133 Cl. L.-S. 1961, S. 11.

134 Vgl. insbes. II. Kap.

135 Dieses Kapitel ist in der ersten autorisierten Übersetzung von *Tristes Tropiques* (Köln–Berlin 1960, 1970[2]) nicht enthalten. In der Übersetzung von Eva Moldenhauer ist das Werk jedoch zum erstenmal ungekürzt auf Deutsch erschienen.

136 Vgl. Cl. L.-S. 1978, S. 47.

137 Ebd., S. 43 f. (Hervorhebungen v. Verf.).

138 Ebd., S. 45.

139 Ebd. (Hervorhebungen v. Verf.).

140 In seiner Antwort auf Cl. L.-S.' Antrittsrede anläßlich seiner Aufnahme in die Académie Française hat Roger Caillois auf eben jene Identität zwischen dem, was Cl. L.-S. hier an der französischen Philosophie der zwanziger Jahre kritisiert, und bestimmten Zügen der von ihm zur Interpretation von Mythen entwickelten Methode hingewiesen: »Es wäre dies keineswegs das erste Mal«, so fährt Caillois anschließend fort, »daß ein berechtigtes Mißtrauen gegenüber einer allzu mechanischen Virtuosität denjenigen, der sie verspürte, auf die Idee kommen ließ, sich ihrer in einer besseren, sorgfältigeren und vor allem durch den Gegenstand selbst kontrollierten Art und Weise zu bedienen.« (R. Caillois in: *Le Monde* vom 28. Juni 1974, S. 21).

141 Cl. L.-S. 1978, S. 46.

142 Ebd., S. 52.

143 Ebd.

144 In »Comment on devient structuraliste« fragt B. Pingaud, worin die »kruden Überzeugungen« des fünfzehnjährigen Cl. L.-S. bestanden hätten, und verweist dabei auf dessen Sammelleidenschaft, seine Vorliebe für skurrile antike und exotische Gegenstände, von der er selbst in *Tristes Tropiques* berichtet. (B. Pingaud 1965)

145 W. Benjamin 1961.

146 Ebd., S. 202.

147 Cl. L.-S. 1955b, S. 47.

148 W. Benjamin 1961, S. 202.

149 Ebd., S. 201.

150 S. Freud 1940, Bd. XIII, S. 1–69.

151 Freud unterscheidet in dieser Schrift nicht ausdrücklich zwischen Gedächtnis und Erinnerung. Benjamin rekurriert im entsprechenden Zusammenhang auf eine von Theodor Reik vorgenommene Definition: »Die Funktion des Gedächtnisses ist im wesentlichen konservativ, die Erinnerung ist destruktiv.« Er stellt sie sodann in Korrelation zu der von H. Bergson getroffenen Unterscheidung von »mémoire pure« und »mémoire d'intelligence«.

152 S. Freud 1940, Bd. XIII, S. 24; bei W. Benjamin 1961, S. 206 zitiert.

153 W. Benjamin 1961, S. 206.

154 Ebd., S. 207.

155 Entwicklungsgeschichtlich ist das W-Bw-System laut Freud an der Oberfläche des zentralen Nervensystems entstanden und wird von ihm als eine Rinde beschrieben, die »durch die Reizwirkung so durchgebrannt ist, daß sie der Reizaufnahme die günstigsten Verhältnisse entgegenbringt und einer weiteren Modifikation nicht fähig ist.« So wäre also der von Benjamin nicht vollständig zitierte Satz, daß das Bewußtsein »an Stelle einer Erinnerungsspur« entstanden sei, zu verstehen. »Auf das System Bw übertragen«, so fährt Freud fort, »würde dies meinen, daß dessen Elemente keine Dauerveränderung beim Durchgang der Erregung mehr annehmen können, weil sie bereits aufs äußerste im Sinne dieser Wirkung modifiziert sind.« (S. Freud 1940, Bd. XIII, S. 25). Reizaufnahme und Reizschutz aber, die beiden Funktionen des W-Bw-Systems, basierten gleichermaßen darauf, daß die Oberfläche des Zen-

tralnervensystems »die dem Lebenden zukommende Struktur aufgibt, gewissermaßen anorganisch wird und nun als eine besondere Hülle oder Membran reizabhaltend wirkt, das heißt, veranlaßt, daß die Energien der Außenwelt sich nur mit einem Bruchteil ihrer Intensität auf die nächsten lebend gebliebenen Schichten fortsetzen können. (...) Die Außenschicht hat aber durch ihr Absterben alle tieferen Schichten vor dem gleichen Schicksal bewahrt (...).« (Ebd., S. 26 f.).

156  S. Freud 1940, Bd. XIII, S. 27, zit. b. W. Benjamin 1961, S. 207. Im Durchbrechen des Reizschutzes besteht nach Freud das Wesen des »traumatischen Schocks«.

157  W. Benjamin 1961, S. 209.

158  Ebd. (Hervorhebungen vom Verf.).

159  Ebd., S. 208. Diese Sätze stehen scheinbar im Widerspruch zu der weiter oben zitierten Behauptung, daß das Bewußtsein als solches keine Erinnerungsspuren aufnehme. Benjamin bezieht sich vermutlich auf die etwas enigmatische Formulierung Freuds, daß »unsere abstrakte Zeitvorstellung (...) durchaus von der Arbeitsweise des W–Bw–Systems hergeholt zu sein und einer Selbstwahrnehmung derselben zu entsprechen (scheint).« (S. Freud 1940, Bd. XIII, S. 28).

160  W. Benjamin 1961, S. 208.

161  Ebd., S. 203.

162  Ebd.

163  Ebd., S. 228.

164  W. Benjamin 1974, S. 1186.

165  Ebd.

166  Ein Ausdruck, den Benjamin selbst nicht verwendet, mit dem aber Adorno die Quintessenz seiner Darstellung treffend beschreibt: »(...) man könnte Ihren Baudelaire wohl als die Urgeschichte des reflektorischen Charakters beschreiben.« (Th. W. Adorno in einem Brief an Benjamin v. 29. 2. 1940; abgedruckt in: W. Benjamin 1974, S. 1130).

167  W. Benjamin 1961, S. 223.

168  Ebd.

169  »Aller kapitalistischen Produktion (...) ist es gemeinsam, daß nicht der Arbeiter die Arbeitsbedingung, sondern umgekehrt die Arbeitsbedingung den Arbeiter anwendet, aber erst mit der Maschinerie erhält diese Verkehrung *technisch handgreifliche Wirklichkeit.*« (K. Marx 1971, S. 446, zit. b. W. Benjamin 1961, S. 222.) Hingegen setzte die Arbeit in der Manufakturperiode

noch ein bestimmtes Maß von Erfahrung, die nur durch Übung erworben werden konnte, voraus. »Selbst die Erleichterung der Arbeit wird zur Tortur«, so schreibt Marx weiter oben, »indem die Maschine nicht den Arbeiter von der Arbeit befreit, sondern seine Arbeit *vom Inhalt.*« (Ebd., S. 445f. – Hervorhebungen vom Verf.).

170 Ebd.

171 W. Benjamin 1961, S. 222. Die geistige Verkrüppelung des Arbeiters hat F. Engels in *Die Lage der arbeitenden Klasse in England* (1845) aufs eindrucksvollste beschrieben. »Die Beaufsichtigung von Maschinen«, so heißt es hier, »das Anknüpfen zerrissener Fäden ist keine Tätigkeit, die das Denken des Arbeiters in Anspruch nimmt, und auf der anderen Seite wiederum derart, daß sie den Arbeiter hindert, seinen Geist mit anderen Tätigkeiten zu beschäftigen.« (F. Engels 1970, S. 397). Nicht die körperliche Anstrengung, sondern die tödliche »Langeweile«, die eine solche Beschäftigung produziere, sei die eigentliche Tortur, der sich der »zum Lebendigbegrabenwerden in der Fabrik, zum steten Achtgeben auf die Maschine« verurteilte Arbeiter unterworfen sieht. (Ebd.) In *Modern Times* hat Charlie Chaplin diesen »reflektorischen Mechanismus« beeindruckend ins Bild gesetzt, wie er denn überhaupt als intrinsisches Motiv vieler zeitgenössischer Slapstick-Komödien entdeckt werden könnte. Zu Buster Keaton als Prototyp des reflektorischen Charakters vgl. S. Kracauers Rezension von *Seven Chances* in: S. Kracauer 1974, S. 180.

172 W. Benjamin 1961, S. 204f.

173 Ebd., S. 222.

174 Ebd., S. 221.

175 Denselben Ansatz hat Adorno in »Theorie der Halbbildung«, jetzt in: Th. W. Adorno 1972a, S. 93–121, weiterentwickelt: »Erfahrung, die Kontinuität des Bewußtseins, in der das Nichtgegenwärtige dauert, in der Übung und Assoziation im je Einzelnen Tradition stiftet, wird ersetzt durch die punktuelle, unverbundene, auswechselbare und ephemere Informiertheit, der schon anzumerken ist, daß sie im nächsten Augenblick durch andere Informationen weggewischt wird.« (Ebd., S. 115).

176 W. Benjamin 1961, S. 201.

177 Cl. L.-S. 1978, S. 31 (Hervorheb. v. Verf.). – Dasselbe Motiv findet sich in einem anderen Aufsatz wieder, in dem L.-S. die

Entstehung der Renaissance-Kultur zur Entdeckung der Neuen Welt in Beziehung setzt. Der Zugang zu den Ressourcen einer üppigen tropischen Natur habe in Europa, so heißt es hier, die Geburt eines »verfeinerten Empfindungsvermögens« provoziert, die die »Reflexionen der Zeit« um das »Element einer direkten Erfahrung« bereicherte: »Zieht man in Betracht, mit welcher außergewöhnlichen Erregung man damals den exotischen Luxus begrüßte: die Farbhölzer, die Gewürze, die Kuriositäten (...), dann gewinnt man den Eindruck, daß das kultivierte Europa in sich selbst neue Genußmöglichkeiten zu entdecken begann und aus einer mittelalterlichen Vergangenheit heraustrat, zu deren Kennzeichen die Fadheit der Lebensmittel und die Monotonie der Empfindungen zählten.« (Cl. L.-S. 1960, S. 45). Die Theorie einer kompensatorischen Reizentwicklung der europäischen Zivilisation hat insbesondere in der Kolonialliteratur des 19. Jh. ihre Vorläufer; vgl. z.B. J. Conrads *Lord Jim* (1900), jetzt 1974, S. 190. Für eine Theorie der nicht-kompensatorischen Reizentwicklung der europäischen Kultur vgl. Georg Forsters *Über Leckereyen* (1788), in: Ders. o.J., S. 9–29; und W.F. Haug 1971, S. 19 ff.

178 Cl. L.-S. 1978, S. 12.

179 Man könnte dieses Bild auch mit Max Webers Metapher vom »steinernen Gehäuse« einer »verwalteten Welt« vergleichen. H. Nagel hat den Versuch unternommen, den Weberschen Kulturpessimismus der Lévi-Strauss'schen Entfremdungsproblematik zu korrelieren. (Vgl. Nagel 1970).

180 W. Benjamin 1961, S. 221. Im Gegensatz zu Baudelaire, dessen Schaffen sich, wie Benjamin schreibt, das Erlebnis der Großstadtmenge wie »eine verborgene Figur« eingeprägt hat (siehe oben, S. 80), vermochte sich Marcel Proust einer »verlorenen Zeit« bekanntlich nur mehr unter den Bedingungen einer selbstauferlegten Isolation zu bemächtigen. Sein Zimmer, das er zum Schutz gegen die Geräusche der Außenwelt mit Kork hatte austapezieren lassen, soll er die letzten dreizehn Jahre seines Lebens, in denen er die 15 Bände seiner *A la recherche du temps perdu* schrieb, kaum noch verlassen haben.

181 Vgl. Cl. L.-S. 1978, S. 143, S. 335 usw. In L.-S.' Verachtung der Menge, vor allem aber des Massentourismus, sieht D. Kramer eine heimliche Affinität zu elitaristisch-kulturpessimistischen Ideologien wie etwa der Kulturtheorie Ortéga y Gassets. (Vgl. D. Kramer 1973, S. 255).

182 Vgl. Cl. L.-S. 1978, S. 17.

183 Ebd., S. 15.

184 Cl. L.-S. 1955b, S. 9 (Übers. v. Verf.).

185 Cl. L.-S. 1978, S. 15.

186 Annegret Dumasy (1972, S. 215) interpretiert die Reise auf der »Capitaine Paul-Lemerle« ähnlich als eine kollektive Flucht »aus der Geschichte«, in der die individuelle Flucht des Ethnologen ihr Gegenstück findet.

187 Vgl. Cl. L.-S. 1978, S. 377.

188 Siehe oben, S. 75 f.

189 Eine Attitüde, die ein entfremdetes Verhalten dieses Denkens selbst noch seinen eigenen Produkten gegenüber einschließt, läßt sich aus folgendem Zitat aus dem Vorwort zur zweiten Auflage von *Les structures élémentaires de la parenté* entnehmen: »Sobald das Buch vollendet ist, wird es zu einem Fremdkörper, einem toten Wesen, das meine Aufmerksamkeit nicht zu fesseln vermag, noch weniger mein Interesse. Jene Welt, in der ich so intensiv lebte, versperrt sich vor mir und schließt mich aus. Zuweilen verstehe ich sie nicht einmal mehr.« (Cl. L.-S. 1981, S. 21 f.)

190 Die tendenzielle Identität dessen, was L.-S. eine singuläre Eigenart seines Denkens nennt, mit dem, was er an der geisttötenden Methode der Philosophie seiner Zeit kritisiert, verweist auf das »reflektorische Verhalten« als beider gemeinsame Grundlage: »Wenig Trost liegt darin, geschlagen zu sein wie alle; mehr in der Attitüde des Getroffenen, der sich im Glauben wähnen kann, der Leidende sei auserwählt. Dies ist die stärkste Legitimation, die sich erlangen läßt.« (W. Lepenies 1972, S. 228)

191 In Anbetracht der langwierigen Auseinandersetzungen, die L.-S. mit Sartre und der existentialistischen Schule führt, ist dieser Begriff hier scheinbar fehl am Platze. Es darf allerdings nicht übersehen werden, daß L.-S. in jungen Jahren dem Kreis um Sartre nahestand. Während Simone de Beauvoir *Les structures élémentaires* in der von Sartre herausgegebenen Zeitschrift *Les Temps modernes*, in der L.-S. übrigens einige seiner frühen Aufsätze veröffentlicht hat, wohlwollend rezensierte (vgl. Jg. 1949, No. 49) und Sartre in seinem philosophischen Hauptwerk *Kritik der dialektischen Vernunft* wiederholt auf dieses Buch Bezug nahm, und zwar nirgends in kritischer Absicht (vgl. J.P. Sartre 1967, S. 112, S. 493, S. 510 ff., S. 533, S.

538 ff.), ist es erst mit L.-S.' wütendem Angriff auf Sartres Grundpositionen in dem der *Kritik* gewidmeten 9. Kapitel von *Das wilde Denken* (vgl. L.-S. 1968, S. 282 ff.) zum offenen Zerwürfnis zwischen den beiden Denkern gekommen. Zur Fortsetzung dieser Diskussion vgl. L.-S. 1975b, S. 810 ff.; zu Sartres Repliken vgl. A. Dumasy 1972, S. 169 ff.

192 Cl. L.-S. 1978, S. 377.

193 Ebd., S. 38.

194 In einem Leserbrief an die *Cahiers de l'Analyse*, 5 (1967).

195 J. Moebus in: J. Moebus/U. Enderwitz 1969, S. 98.

196 Vgl. Cl. L.-S. 1978, S. 151.

197 Ob er diese beiden Gesellschaften, über die er in den folgenden Jahren einige kleinere Artikel veröffentlichte, später nochmal besucht hat, geht aus seinem Reisebericht nicht eindeutig hervor.

198 Cl. L.-S. 1978, S. 167.

199 Ebd, 167 f.

200 Ebd.

201 Cl. L.-S., »Die Zweiteilung der Darstellung in der Kunst Asiens und Amerikas«, in: L.-S. 1967b, S. 277.

202 Cl. L.-S. 1978, S. 188.

203 Ebd., S. 175.

204 Cl. L.-S., »Die Zweiteilung...«, in: L.-S. 1967b, S. 277.

205 Cl. L.-S. 1978, S. 185.

206 Zur apriorischen Unterscheidung der Natur als des Bereichs universal gültiger Gesetze von der Kultur als des Bereichs willkürlicher Regeln, zwischen die sich das Inzestverbot als »universale Regel« vermittelnd einschiebt, vgl. L.-S. 1967a, S. 10 ff. In *Das Ende des Totemismus* (L.-S. 1965, S. 8 ff.) und in *Das wilde Denken* (L.-S. 1968, S. 284) behauptet L.-S. demgegenüber, ebenso wie in der zweiten Auflage von *Les structures...* (S. XVII), daß diese Unterscheidung nur methodischen Wert habe und auf keiner objektiven Grundlage beruhe. Als eine apriorische hat er sie indes in *Der Ursprung der Tischsitten* (L.-S. 1973, S. 460) wieder aufgenommen. Auch in seinem autobiographischen Reisebericht ist der Gegensatz Natur/Kultur ein immer wiederkehrendes Thema, vgl. etwa die Charakterisierung der Stadt als auf der Grenze von Natur und Kultur liegend (L.-S. 1978, S. 114), insbesondere aber seine in Form eines Dramenentwurfs vorgetragene existentialistische Selbstinterpretation als eines Mannes, der sich bei der Wahl des Exils

für die Natur entschied (ebd., S. 369 ff.). Vgl. zur Darstellung dieses Gegensatzes als einer Grundproblematik der »strukturalistischen Philosophie« A. Dumasy 1972, S. 212 und J. Derrida 1966; zur Kritik an L.-S.' Mytheninterpretationen R. und L. Makarius 1973.

207  Vgl. G. Steinwachs 1971, S. 9 ff.
208  Zynisch kommentiert etwa E. Leach den Eklektizismus der Quellendeutung: »Er scheint immer dazu in der Lage, genau das zu finden, was er gerade sucht. Jeder Anhaltspunkt, mag er auch noch so dubios sein, ist ihm willkommen und wird von ihm aufgegriffen, wenn er nur in die logisch kalkulierten Operationen paßt; doch immer dann, wenn die Daten der Theorie widersprechen, wird Lévi-Strauss hierüber entweder stillschweigend hinweggehen oder aber alle seine Kräfte aufbieten, um mit gewaltigen Schmähungen die Irrlehren des Hauses zu verweisen.« (E. Leach 1970, S. 20).
209  Cl. L.-S. 1978, S. 183.
210  Ebd., S. 185.
211  Ebd., S. 188.
212  Cl. L.-S. 1955b, S. 203 (Übers. v. Verf.).
213  Cl. L.-S. 1978, 188 f.
214  Ebd., S. 236.
215  Ebd.
216  Vgl. L.-S. 1967b, S. 391.
217  Zit. nach U. Jaeggi 1968, S. 68.
218  Cl. L.-S. 1978, S. 314.
219  A. Schmidt 1969, S. 214.
220  Cl. L.-S. 1978, S. 385.
221  Ebd.
222  Ebd., S. 387.
223  R. Bastide 1956, S. 152.
224  Siehe oben, S. 31, vgl. ferner C. Backès-Clément 1970, S. 151.
225  Cl. L.-S. 1978, S. 273.
226  Ebd., S. 280.
227  Ebd. S. 314 (Hervorh. v. Verf.).
228  G. Devereux 1973, S. 110.
229  Vgl. M. Freilich (Ed.) 1970, S. 19 ff.
230  Seine erste wissenschaftliche Veröffentlichung erschien 1936 unter dem Titel »Contribution à l'étude de l'organisation sociale des indiens Bororo« (L.-S. 1936). Die Kunst der Caduveo steht im Mittelpunkt des erstmals 1944 veröffentlichten

Aufsatzes »Le dédoublement de la représentation dans les arts de l'Asie et de l'Amérique«, der später in L.-S. 1967b aufgenommen wurde.

231 E. Leach 1970, S. 10.

232 Cl. L.-S. 1948. In denselben Zeitraum fiel auch seine Begegnung mit den Tupi-Kawahib (vgl. L.-S. 1978, S. 315 ff.).

233 E. Leach 1970, S. 19 f. Eine Ausnahme, die Lévi-Strauss bestätigt hat. So heißt es in einer Monographie über die Nambikwara: »Nach ungefähr drei Monaten war es uns gelungen, grobe empirische Kenntnisse der eigentlichen Sprache der Nambikwara zu erwerben, so daß wir uns den Eingeborenen verständlich machen und auch ihren Unterhaltungen in etwa folgen konnten.« (L.-S. 1948, S. 37, Anm. 1). – In diesen drei Monaten hat die Expeditionsgruppe allerdings nur sporadisch zu einzelnen Stammesgruppen Kontakte aufgenommen.

234 E. Leach 1970, S. 19 f.

235 E. Wulff 1969, S. 228 f.

236 In »Theorie der Halbbildung« hat Adorno das »Ressentiment« als das deiktische Produkt diskontinuierlicher Erfahrung zu beschreiben versucht: »Anstelle des temps durée, des Zusammenhangs eines in sich einstimmigen Lebens, das ins Urteil mündet, tritt ein urteilsloses ›Das ist‹ (...). Wer der Kontinuität von Erfahrung enträt, wird von solchen Systemen mit Schemata zur Bewältigung der Realität beliefert, welche an diese zwar nicht heranreichen, aber die Angst vorm Unbegriffenen kompensieren.« (Th. W. Adorno 1972a, S. 115 u. 116).

237 Cl. L.-S. 1968, S. 27.

238 L.-S. 1975a, S. 47.

239 Ebd., S. 25.

240 Cl. L.-S. 1978, S. 168. In einem der Schlußkapitel der *Traurigen Tropen* erhält diese These schließlich den Rang einer »geschichtsphilosophischen« Wahrheit: »Unsere Position läuft nämlich auf die Behauptung hinaus«, schreibt L.-S. hier, »die Menschen hätten immer und überall dieselbe Anstrengung im Hinblick auf dasselbe Ziel unternommen und sich im Laufe der Zeit lediglich verschiedener Mittel bedient.« (Ebd., S. 388).

241 Siehe oben; vgl. ferner L.-S. 1948, S. 49 f.

242 U. Enderwitz, in: J. Moebus u. U. Enderwitz 1969, S. 102.

243 J. Moebus, ebd., S. 98.

244 E. Leach (Hg.) 1972, S. 7.

245 »(. . .) erst im Verlauf der letzten Dezennien des 19. und der ersten des 20. Jahrhunderts hat (die Anthropologie) sich als Universitätsdisziplin konstituieren und zu einer modernen Wissenschaft werden können. Das war in der Periode, in der die westlichen Nationen eine letzte Anstrengung unternahmen, um fast die ganze nicht-westliche Welt unter ihre wirtschaftliche und politische Kontrolle zu bringen.« (Kathleen Gough in: *Les Temps modernes* 1970/71, S. 1124). Zum Zusammenhang von Ethnologie und Kolonialismus vgl. ferner W. Lepenies 1971, S. 42 ff., G. Leclerc 1973.

246 Cl. L.-S. 1978, S. 384.

247 Cl. L.-S. 1975a, S. 39, S. 74; ders. 1974, S. 41; ders. 1961, S. 16; ders. 1967b, S. 406.

248 Vgl. u.a. I. Kant 1968, S. 18 und G. Salomon-Delatour (Hg.) 1962, S. 64.

249 E. B. Tylor 1873, S. 24 f.

250 Ebd., insbesondere Kap. I und II. Wegen der Komplexität ihres Stoffes sei es der Geschichtswissenschaft bisher nur unzureichend gelungen, ähnlich universal gültige Gesetzeshypothesen wie die Naturwissenschaft zu entwickeln, heißt es bei Tylor. Innerhalb der Geschichtswissenschaft aber seien in der vergleichenden Kulturwissenschaft in dieser Hinsicht die ersten Erfolge erzielt worden: In Fragen der Evolution sei sie der Naturwissenschaft sogar überlegen; denn, was in dieser Hypothese (die Entwicklung der Arten), sei in jener Gewißheit – eine Behauptung, die Tylor insbesondere am Beispiel technologischer Entwicklungstypen (Speer – Pfeil und Bogen – Feuerwaffen; Quadrant – Sextant; usf.) zu belegen versucht. Zur Orientierung der Tylorschen Ethnologie am Beispiel der historischen Sprachwissenschaft vgl. ebd., S. 18 f.

251 Cl. L.-S. 1975a, S. 17.

252 Abgedruckt in: Cl. L.-S. 1967b, S. 364–409.

253 Ebd., S. 370.

254 Ebd.

255 Ebd., S. 390.

256 Ebd., S. 322.

257 In Kritik an Marcel Mauss' Theorie der Gegenseitigkeit, auf der die Theorie des allgemeinen Austauschs von Lévi-Strauss basiert (siehe unten, S. 117), verweist Jean-Paul Sartre auf die Rolle des – das wechselseitige Verhältnis, in das Gruppen oder Individuen eintreten, erst konstituierenden – Materiellen

als eines »ausgeschlossenen Dritten«. (Vgl. J.-P. Sartre 1967, S. 111 ff.)

258 Ziel seiner Untersuchungen sei es, so hat Cl. L.-S. in einem Gespräch mit Paul Ricoeur anläßlich der Veröffentlichung von *Le cru et le cuit* (Paris 1964) formuliert, »eine Art Inventarium der geistigen Zwänge« zu erstellen. Sein Unternehmen stelle den Versuch dar, »das Willkürliche auf die Ordnung zurückzuführen, eine Notwendigkeit zu entdecken, die der Illusion der Freiheit innewohnt.« Diese Absicht zu realisieren sei ihm am Beispiel der Analyse elementarer Verwandtschaftsstrukturen nur unzureichend gelungen, weil im Bereich sozialer Beziehungen jene Zwänge »nicht ausschließlich der Struktur des Geistes entspringen«. Ein privilegiertes Feld struktureler Analyse sei hingegen die Mythologie, »wo der Geist sich anscheinend am freiesten seiner schöpferischen Spontaneität hinzugeben vermag«. Wenn sich aber selbst in diesem Untersuchungsbereich herausstellen sollte, daß der Geist »in allen seinen Operationen determiniert ist, dann muß er es a forteriori überall sein.« (L.-S. 1963, S. 630, dt. in: 1980, S. 74 f.)

259 Cl. L.-S. 1971, S. 28.

260 Siehe I. Kap. der vorliegenden Arbeit.

261 Cl. L.-S. 1978, S. 384; siehe oben, S. 105.

262 L.-S., »Zur Stellung der Anthropologie . . .«, in: L.-S. 1967b, S. 386 f.

263 R. Gasché 1973, S. 78 f.

264 L.-S. 1967b, S. 379.

265 Ebd.

266 Vgl. L.-S., »Wissenschaftliche Kriterien in den Sozial- und Humanwissenschaften«, in: L.-S. 1975a, S. 324–350.

267 Vgl. Th. W. Adorno 1972b, S. 222 ff.

268 »Dem Menschen mißfällt es, auf die unbeschränkte Macht über die soziale Ordnung zu verzichten, die er sich so lange zugeschrieben hat. Und andererseits scheint es ihm, daß er den kollektiven Kräften notwendig unterworfen sein müsse, falls es sie gibt, ohne sie ändern zu können. Darum neigt er dazu, sie zu negieren. Vergeblich haben ihn wiederholte Erfahrungen gelehrt, daß diese Allmacht, die er sich gern einbildet, immer eine Ursache seiner Schwäche gewesen ist, daß seine Herrschaft über die Dinge erst wirklich begonnen hat, als er erkannte, daß sie ihre eigene Natur haben, und als er sich darauf beschränkte kennenzulernen, was sie sind. Aus allen

anderen Wissenschaften verjagt, behauptet sich dieses Vorurteil hartnäckig in der Soziologie.« (E. Durkheim 1961, S. 101)

269 Vgl. L.-S. 1975a, S. 11–44.
270 Cl. L.-S., »Un Monde, des sociétés«, in: *Way Forum* (1958), zit. nach Y. Simonis 1968.
271 Cl. L.-S. 1975a, S. 58.
272 Th. W. Adorno 1967, S. 10.
273 Ebd., S. 13.
274 L.-S. 1967b, S. 391 f.
275 Ebd., S. 390.
276 Ebd.
277 Ebd., S. 389.
278 M. Mauss 1968.
279 Ebd., S. 90.
280 L.-S. 1975a, S. 15.
281 Ebd., S. 16.
282 L.-S. 1955a, S. 1216.
283 L.-S. 1975a, S. 17.
284 L.-S. 1967b, S. 400 (Hervorhebungen v. Verf.)
285 Ebd., S. 399 f. (Hervorhebungen v. Verf.)
286 L.-S. 1975a, S. 24 f.
287 L.-S. 1967b, S. 400.

# Bibliographie

Adorno, Theodor W. 1967 Einleitung; in: Durkheim, E., *Soziologie und Philosophie,* Frankfurt/M, 7–44

– 1972a Theorie der Halbbildung; in: Ders., *Gesammelte Schriften*, Bd. 8, Frankfurt/M., 93–121

– 1972b Über Statik und Dynamik als soziologische Kategorien; in: Ders., *Gesammelte Schriften*, Bd. 8, Frankfurt/M., 217–237

Backès-Clément, Cathérine 1970 *Claude Lévi-Strauss ou la structure et le malheur,* Paris

Baldus, Herbert 1946 Curt Nimuendáju; in: *American Anthropologist*, Bd. 48, 238–243

Bastide, Roger 1956 Claude Lévi-Strauss ou l'ethnographe à la recherche du temps perdu; in: *Présence Africaine*, avril-mai 1956, 150–155

Bataille, Georges 1956 Un livre humain, un grand livre; in: *Critique*, févr. 1956, 99–112

Beattie, John 1972 *Other Cultures,* London (1. A.: 1964)

Benedict, Ruth 1922 The Visions in Plains Culture; in: *American Anthropologist*, Bd. 24, 1–23

Benjamin, Walter 1961 Über einige Motive bei Baudelaire; in: Ders., *Illuminationen. Ausgewählte Schriften*, Frankfurt/M., 201–245

– 1974 *Gesammelte Schriften*, Bd. I, 3, Frankfurt/M.

Boas, Franz 1969 Letters und Diaries written on the North-West-Coast from 1883–1933; in: R.P. Rohner, *The Ethnography of Franz Boas,* Chicago

Caillois, Roger 1954/55 Illusions à rebours; in: *La Nouvelle Revue Française,* Nr. 24, 1010–1024 / Nr. 25, 58–70

Cairns, H. Alan C. 1965 *Prelude to Imperialism. British Reactions to Central African Society 1840–1890*, London

Conrad, Joseph 1963 Geography and some Explorers; in: Ders., *Tales of Hearsay and Last Essays*, London

– 1974 *Lord Jim*, Zürich (1. A.: 1900)

Derrida, Jacques 1966 Nature, Culture, Ecriture; in: *Cahiers pour l'Analyse*, Nr. 4, 1–46 (Dt. in: Ders., *Die Schrift und die Differenz*, Frankfurt/M. 1972, 422–442)

Devereux, Georges 1973 *Angst und Methode in den Verhaltenswissenschaften*, München

Donato, Eugenio 1966 Tristes tropiques. The endless journey; in: *Modern Language Notes*, Nr. 81, 270–287

Dumasy, Annegret 1972 *Restloses Erkennen. Die Diskussion über den Strukturalismus des Claude Lévi-Strauss in Frankreich*, Berlin

Durkheim, Emile 1961 *Die Regeln der soziologischen Methode*, Neuwied–Berlin

Duvignaud, Jean 1958 Le vicaire des tropiques; in: *Les Lettres Nouvelles*, juillet–août 1958

Eliade, Mircea 1957 *Schamanismus und archaische Ekstasetechnik*, Zürich

Enderwitz, Ulrich 1977 *Schamanismus und Psychoanalyse. Zum Problem mythologischer Rationalität in der strukturalen Anthropologie von Claude Lévi-Strauss*. Wiesbaden (S.M.A.F., Bd. III, Nr. 3/4)

Engels, Friedrich 1970 Die Lage der arbeitenden Klasse in England; in: *MEW*, Bd. 2, Berlin (1. A.: 1845)

Evans-Pritchard, E.E. 1968a *The Nuer. A Description of the Modes of Livelihood and Political Institution of a Nilotic People*, Oxford (1. A.: 1940)

– 1968b *Theorien über primitive Religion*, Frankfurt/M.

– 1972 *Social Anthropology*, London (1. A.: 1951)

Firth, Raymond (Ed.) 1970 *Man and Culture. An Evaluation of the Work of Bronislaw Malinowski*, London (1. A.: 1957)

Forster, Georg o.J. Über Leckereyen (1788); in: Ders., *Werke*, Bd. 3, Leipzig, 9–29

Fox, Robin 1967 *Kinship and Marriage*, Harmondsworth

Freilich, Morris (Ed.) 1970 *Marginal Natives. The Anthropologist at Work*, New York

Freud, Anna 1972 *Das Ich und die Abwehrmechanismen*, München (1. A.: 1936)

Freud, Sigmund 1940 *Gesammelte Werke*, Bd. I, Bd. XIII. Bd. XIV, London

Gasché, Rodolphe 1973 *Die hybride Wissenschaft. Zur Mutation des Wissenschaftsbegriffs bei Emile Durkheim und im Strukturalismus von Claude Lévi-Strauss*, Stuttgart

Gennep, Arnold van 1964 Die Übergangsriten; in: C.A. Schmitz (Hg.), *Religions-Ethnologie*, Frankfurt/M., 374–389 (jetzt auch: ders., *Übergangsriten* [Les rites de passage], Frankfurt 1986)

Gould, J. und Kolb, W. 1964 *Dictionary of Social Sciences*, New York

Haekel, Josef 1947 Schutzgeistsuche und Jugendweihe im westlichen Nordamerika, in: *Ethnos*, Bd. XII, H. 3, 106–122

Harris, Marvin 1969 *The Rise of Anthropological Theory. A History of Theories of Culture*, London

Haug, Wolfgang F. 1971 *Kritik der Warenästhetik*, Frankfurt/M.

Heinrich, Klaus 1964 *Versuch über die Schwierigkeit nein zu sagen*, Frankfurt/M.

Hogbin, Ian 1968 Rezension von B. Malinowski »A Diary in the Strict Sense of the Term«; in: *American Anthropologist*, Bd. 70, 575

Jaeggi, Urs 1968 *Ordnung und Chaos. Der Strukturalismus als Methode und Mode*, Frankfurt/M.

Jarvie, Ian C. 1972 *The Revolution in Anthropology*, London

Kant, Immanuel 1968 Idee zu einer allgemeinen Geschichte in weltbürgerlicher Absicht (1784); in: Ders., *Werke*, Bd. 8, Göttingen (Akademie – Textausgabe)

Kardiner, Abram und Preble, E. 1974 *Wegbereiter der modernen Anthropologie*, Frankfurt/M.

Kracauer, Siegfried 1974 *Kino*, Frankfurt/M.

Kramer, Dieter 1973 Zum Strukturbegriff in der Ethnologie; in: W.D. Hund (Hg.) *Strukturalismus, Ideologie und Dogmengeschichte*, Darmstadt – Neuwied, 243–269

Kramer, Fritz o.J. *Die Ordnung der Anarchie. Radcliffe-Brown und die Andaman-Insulaner*, o.O. (hektogr. Mskr.)

Leach, Edmund 1966 On the ›Founding Fathers‹; in: *Current Anthropology*, Bd. 7, 560–567

– 1970 *Lévi-Strauss*, London (Dt.: *Claude Lévi-Strauss*, München 1971)

– 1971 *Rethinking Anthropology*, London

Leach, Edmund (Hg.) 1972 *Mythos und Totemismus. Beiträge zur Kritik der strukturalen Anthropologie*, Frankfurt/M.

Leclerc, Gérard 1973 *Anthropologie und Kolonialismus*, München

Lefèbvre, Henri 1966 Claude Lévi-Strauss et le nouvel éléatisme; in: *L'Homme et la Société*, Nr. 1, 21–31 u. Nr. 2, 81–102

Leiris, Michael 1956 A travers »Tristes tropiques«; in: *Les Cahiers de la Republique*, Nr. 2, 130–135

Lepenies, Wolf 1971 *Soziologische Anthropologie. Materialien*, München

- 1972 *Melancholie und Gesellschaft*, Frankfurt/M.

Lepenies, Wolf u. Ritter, Hanns Henning (Hg.) 1970 *Orte des wilden Denkens. Zur Anthropologie von Claude Lévi-Strauss*, Frankfurt/M.

Lévi-Strauss, Claude 1936 Contribution à l'étude de l'organisation sociale des Indiens Bororo; in: *Journal de la Société des Américanistes*, Bd. XXVIII, Nr. 2, 269–304

- 1948 *La vie familiale et sociale des Indiens Nambikwara*, Paris
- 1955a Diogène couché; in: *Les Temps modernes*, Nr. 110, 1187–1220
- 1955b *Tristes tropiques*, Paris
- 1960 Les trois sources de la réflexion ethnologique; in: *Revue de l'Enseignement Supérieur* (1960), 43–50
- 1961 Le métier d'ethnologue; in: *Les Annales*, Nr. 129, 5–17
- 1963 Réponses à quelques questions; in: *Esprit*, Nr. 322, 628–653
- 1965 *Das Ende des Totemismus*, Frankfurt/M. (1. A.: 1962)
- 1967a *Les structures élémentaires de la parenté*, Paris – Den Haag (1. A.: 1949)
- 1967b *Strukturale Anthropologie*, Frankfurt/M. (1. A.: 1958)
- 1968 *Das wilde Denken*, Frankfurt/M. (1. A.: 1962)
- 1971 *Das Rohe und das Gekochte. Mythologica I*, Frankfurt/M. (1. A.: 1964)
- 1973 *Der Ursprung der Tischsitten. Mythologica III*, Frankfurt/M. (1. A.: 1968)
- 1974 Einleitung in das Werk von Marcel Mauss, in: M. Mauss, *Soziologie und Anthropologie*. Hrsg. v. W. Lepenies und H. Ritter, Bd. I, München, 7–41 (1. A.: 1950)
- 1975a *Strukturale Anthropologie II*, Frankfurt/M. (1. A.: 1973)
- 1975b *Der nackte Mensch. Mythologica IV*, Frankfurt/M. (1. A.: 1971)
- 1978 *Traurige Tropen*, Frankfurt/M. (vgl. 1955b)
- 1980 *Mythos und Bedeutung. Gespräche mit Claude Lévi-Strauss*. Hrsg. v. A. Reif, Frankfurt/M.
- 1981 *Die elementaren Strukturen der Verwandtschaft*, Frankfurt/M.

Lowie, Robert H. 1937 *The History of Ethnological Theory*, New York

Makarius, Raoul u. Laura 1973 *Structuralisme ou ethnologie. Pour une critique radicale de l'anthropologie de Lévi-Strauss*, Paris

Malinowski, Bronislaw 1973 *Magie, Wissenschaft und Religion. Und andere Schriften*, Frankfurt/M. 1973 (1. A.: 1948)

– 1979a *Argonauten des westlichen Pazifik. Ein Bericht über Unternehmungen und Abenteuer der Eingeborenen in den Inselwelten von Melanesisch-Neuguinea.* Schriften in vier Bänden, Bd. 1, Hrsg. v. F. Kramer, Frankfurt/M. (1. A.: 1922)

– 1979b *Das Geschlechtsleben der Wilden in Nordwest-Melanesien. Liebe, Ehe und Familienleben bei den Eingeborenen der Trobriand-Inseln, Britisch-Neuguinea.* Schriften in vier Bänden, Bd. 2, Hrsg. v. F. Kramer, Frankfurt/M. (1. A.: 1929)

– 1986 *Ein Tagebuch im strikten Sinn des Wortes. Neuguinea 1914–1918.* Schriften in vier Bänden, Bd. 4/1. Hrsg. v. F. Kramer, Frankfurt/M.

Marx, Karl 1971 Das Kapital, Bd. 1; in: *MEW*, Bd. 23, Berlin

Mauss, Marcel 1968 *Die Gabe,* Frankfurt/M. (1. A.: 1925)

Moebus, Joachim 1973 Über die Bestimmung des Wilden und die Entwicklung des Verwertungsstandpunktes bei Kolumbus; in: *Das Argument,* Nr. 79, 273–307

– 1976 Zur Figur des bürgerlichen Heros; in: *Vom Faustus bis Karl Valentin. Der Bürger in Geschichte und Literatur (Argument – Sonderband 3),* Berlin, 215–243

Moebus J. u. Enderwitz, U. 1969 Zum Strukturalismus von Meyer Fortes und Claude Lévi-Strauss; in: *Das Argument,* Nr. 46, 94–103

Nagel, Herbert 1970 Claude Lévi-Strauss als Leser Freuds; in: Lepenies u. Ritter (Hg.) 1970, 225–305

Picon, Gaétan 1961 Tristes Tropiques ou la conscience malheureuse; in: Ders., *L'Usage de la Lecture,* Bd. II, Paris

Pingaud, Bernard 1965 Comment on devient structuraliste; in: *L'Arc,* Nr. 26, 1–5

Radcliffe-Brown, Alfred R. 1964 *The Andaman-Islanders,* New York (1. A.: 1922)

Reich, Wilhelm 1972 *Der Einbruch der sexuellen Zwangsmoral,* Köln (1. A.: 1932)

Ritter, Hanns Henning 1970 Claude Lévi-Strauss als Leser Rousseaus. Exkurse zu einer Quelle ethnologischer Reflexion; in: Lepenies u. Ritter (Hg.) 1970, 113–159

Salomon-Delatour, Gottfried (Hg.) 1962 *Die Lehre Saint-Simons,* Neuwied – Berlin (Politica, Bd. 7)

Sartre, Jean-Paul 1967 *Kritik der dialektischen Vernunft,* Reinbek b. Hamburg (1. A.: 1960)

Schmidt, Alfred 1969 Der strukturalistische Angriff auf die Geschichte; in: Ders. (Hg.), *Beiträge zur marxistischen Erkenntnistheorie,* Frankfurt/M., 194–265

Schmidt, Wilhelm 1955 *Der Ursprung der Gottesidee*, Bd. 12, Münster

Simonis, Yvan 1968 *Claude Lévi-Strauss ou la ›Passion de l'inceste‹. Introduction au structuralisme*, Paris

Sontag, Susan 1970 The Anthropologist as Hero; in: Hayes, E. N. u. T. (Hg.), *Claude Lévi-Strauss – The Anthropologist as Hero,* Cambridge (Mass.), 184–196

Steinwachs, Gisela 1971 *Mythologie des Surrealismus oder Die Rückverwandlung von Kultur in Natur,* Neuwied – Berlin

Strehlow, Theodor G. H. 1947 *Aranda Traditions,* Melbourne

Tylor, Edward B. 1873 *Die Anfänge der Cultur,* Leipzig (1. A.: 1871)

Vajda, Laszlo 1964 Zur phaseologischen Stellung des Schamanismus; in: C. A. Schmitz (Hg.), *Religions-Ethnologie,* Frankfurt/ M., 265–295

Wax, Rosalie 1971 *Doing Field-Work. Warning and Advice,* Chicago

Wulff, Erich 1969 Grundfragen transkultureller Psychiatrie; in: *Das Argument,* Nr. 50, 227–260

# Reihe Campus

**Band 1001**
*Daniel Bell*
**Die nachindustrielle
Gesellschaft**
1985. 392 Seiten

**Band 1002**
*Lutz Franke (Hg.)*
**Menschlich wohnen**
Originalausgabe
1985. 168 Seiten

**Band 1003**
*Käte Frankenthal*
**Jüdin, Intellektuelle,
Sozialistin**
Lebenserinnerungen
einer Ärztin in
Deutschland und
im Exil
1985. 256 Seiten

**Band 1004**
*Joel Kovel*
**Kritischer Leitfaden
der Psychotherapie**
1985. 312 Seiten

**Band 1005**
*Oskar Negt*
**Lebendige Arbeit,
enteignete Zeit**
Politische und kultu-
relle Dimensionen
des Kampfes um die
Arbeitszeit
1985. 312 Seiten

**Band 1006**
*Stephan Quensel*
**Mit Drogen leben**
Erlaubtes und
Verbotenes
Originalausgabe
1985. 177 Seiten

**Band 1007**
*Dieter Bartetzko*
**Architektur
kontrovers**
Schauplatz Frankfurt
Originalausgabe
1986. 192 Seiten.
35 Abb.

**Band 1008**
*Hermann Bausinger*
**Volkskultur in der
technischen Welt**
Erweiterte
Neuausgabe
1986. 228 Seiten

**Band 1009**
*Jörg Tröger (Hg.)*
**Hochschule und
Wissenschaft im
Dritten Reich**
1986. 140 Seiten

**Band 1010**
*Daniel Bell*
**Die Sozialwissen-
schaften seit 1945**
Deutsche Erstaus-
gabe
1986. 204 Seiten

**Band 1011**
*K.-W. Brand,
D. Büsser, D. Rucht*
**Aufbruch in eine
andere Gesellschaft**
Neue soziale Bewe-
gungen in der
Bundesrepublik
Aktualisierte
Neuausgabe
1986. Ca. 300 Seiten

**Band 1012**
*Karl-Heinz Kohl*
**Exotik als Beruf**
Erfahrung und
Trauma der Ethno-
graphie
Überarbeitete
Neuausgabe
1986. Ca. 135 Seiten

**Band 1013**
*Paul Lüth*
**Von der stummen zur
sprechenden Medizin**
Über das Verhältnis
von Patient und Arzt
Überarbeitete
Neuausgabe
1986. Ca. 180 Seiten

# Campus Bücher zur Ethnologie: Eine Auswahl

Detlef Kantowsky
**Bilder und Briefe aus einem indischen Dorf**
1986. Ca. 250 Seiten mit 67 Abbildungen, Broschur

Detlef Kantowsky
**Von Südasien lernen**
Erfahrungen in Indien und Sri Lanka
1985. 200 Seiten mit 4 Abbildungen, Broschur

Hans Peter Duerr (Hg.)
**alcheringa oder die beginnende Zeit**
Studien zu Mythologie, Schamanismus und Religion
1983. 192 Seiten, Broschur

Alfred Grimm (Hg.)
**Das tätowierte Herz. Nubische Liebeslieder**
1985. 80 Seiten, Broschur

Karl-Heinz Kohl
**Entzauberter Blick**
Das Bild vom Guten Wilden und die Erfahrung der Zivilisation
1983. 320 Seiten, Broschur

Klaus E. Müller (Hg.)
**Menschenbilder früher Gesellschaften**
Ethnologische Studien zum Verhältnis von Mensch und Natur
1983. 484 Seiten, Leinen